회복탄력성을 기르는 50가지 방법

'GYAKKYORYOKU' GA SODATSU 50 NO HOHO
Copyright © 2023 by Hiromi ADACHI
All rights reserved.
Korean translation copyright © 2026 by RH Korea Co., Ltd.
First original Japanese edition published by PHP Institute, Inc., Japan.
Korean translation rights arranged with PHP Institute, Inc.
through Eric Yang Agency, Inc.

# 회복탄력성을 기르는 50가지 방법

아다치 히로미 글   고현진 옮김

주니어 RHK

여러분은 일상에서 괴롭고 힘든 일을 마주한 적이 있나요?

공부, 친구 관계, 성적이나 진로에 대한 고민, 동아리 활동에서 마주하는 어려움, 갑작스러운 부상이나 질병……. 이런 시련은 예고 없이 우리를 찾아오곤 합니다. 지금, 반짝이는 하루하루를 충실히 살아가고 있는 것처럼 보이는 사람에게도 역경과 고난이 있기 마련이지요. 그리고 그것을 견디는 일은 누구에게나 힘든 일입니다. 살다 보면 '더는 못 하겠어.'라든지 '왜 나한테만 이런 일이 생기는 거야?'라든지 '다른 친구들은 잘만 살고 있는데…….' 하는 생각이 들고, 모든 것을 던져 버리고 싶을 때도 찾아올 텐데요. 분명한 사실은, 그러한 마음을 겪는 건 여러분 혼자만이 아니라는 거예요.

하지만 사람은 힘든 상황을 극복하고 어려움을 이겨 낼 수 있어요. 우리 모두 '회복탄력성'을 가지고 있거든요. 이 힘은 여러분의 편이 되어 인생의 역경과 고난을 헤쳐 나갈 수 있도록 도와줍니다. 괴로움 속에서 몸부림치는 시간, 그리고 그것들을 극복하는 과정은 마음을 지키는 힘이 되어 줄 것입니다. 그러니 지금 당장 너무 힘들어서 아무것도 할 수 없다고 생각해도 괜찮아요. 그 경험이 여러분의 삶을 지탱해 줄 테니까요. 회복탄력성을 기르는 구체적인 방법들은 이 책을 통해 알려드릴게요.

"저는 지금 고민이 전혀 없는데요?" 하고 말하는 친구들도 있을 거예요. 그런 친구들이 삶에서 예상치 못한 어려움을 마주하게 되었을 때 이 책을 떠올리면 좋겠습니다. 친구나 소중한 사람이 힘든 일을 겪고 있다면 어떻게 도와줄 수 있을지 생각해 봐도 좋겠고요. 분명 여러분은 소중한 이들의 회복탄력성을 키우는 데 꼭 필요한 사람일 테니까요.

# ☑ 회복탄력성 체크리스트

지금 여러분의 회복탄력성은 어느 정도인지 확인해 보도록 합시다.

아래 항목들이 자신과 자신의 사고방식에 얼마나 가깝다고 생각하나요? '매우 그렇다(O)' / '약간 그렇다(△)' / '그렇지 않다(X)'로 답해 봅시다.

17문항에 다 표시했다면 O는 2점, △는 1점, X는 0점으로 점수를 합산하여 총점을 계산해 봅시다.

| | 질 문 | 점수 |
|---|---|---|
| 1 | 피곤하거나 스트레스가 쌓였을 때 알아차릴 수 있는 나만의 신호가 있다. | |
| 2 | 기분이나 감정에 대해 다른 사람들과 이야기하는 것은 중요하다고 생각한다. | |
| 3 | 싫은 일이 생겨도 휘둘리지 않고 유연하게 대처할 수 있다. | |
| 4 | 부정적인 감정이나 생각이 커질 때에도 균형 잡힌 시각으로 상황을 바라본다. | |
| 5 | 고민이 있을 때 상담할 수 있는 사람이 있다. | |
| 6 | 나를 소중히 여겨 주는 사람이 있다. | |
| 7 | 나를 지지해 주는 사람들에게 늘 감사한 마음을 가지고 생활하고 있다. | |

| 8 | 단점이 있더라도 나다움을 소중히 여기고 싶다. | |
|---|---|---|
| 9 | 스스로에 대해 만족하는 편이다. | |
| 10 | 나의 강점과 장점이 무엇인지 알고 있다. | |
| 11 | 나에게는 어렵고 괴로운 상황에서도<br>다시 일어설 수 있는 힘과 방법이 있다. | |
| 12 | 어떠한 목표가 생기면 그것을 달성하기 위해<br>나에게 맞는 방법을 생각하는 편이다. | |
| 13 | 어떤 일이든 대부분 해결할 수 있을 것 같다. | |
| 14 | 나에게는 열중할 수 있는, 좋아하는 일이 있다. | |
| 15 | 여가 활동, 취미 활동 등의 시간을 소중히 여긴다. | |
| 16 | 힘든 일이 있을 때,<br>그것으로부터 배울 수 있는 것을 찾으려 노력한다. | |
| 17 | 실패와 좌절이 사람을 성장시킬 수 있다고 생각한다. | |

합 계 _____ 점

위 리스트를 통해 여러분이 회복탄력성을 어느 정도 인지하고 또 발휘하고 있는지 확인할 수 있습니다. 이 책을 읽기 전과 후에 자신의 변화를 살펴보세요.

# 차례

머리말 · 4

회복탄력성 체크리스트 · 6


## 1장 역경에 굴복하지 않는다! 마음의 회복력 '회복탄력성'이란?

방법 01 역경을 이겨 내는 힘 '회복탄력성'이란 무엇인가? · 13

방법 02 쓰러져도 괜찮아! 풀 죽어도 괜찮아! 회복탄력성을 키워 보자 · 17

방법 03 다양한 회복탄력성의 형태에 대해 알아보자 · 20

방법 04 회복탄력성은 자립을 지지하는 힘이 된다 · 23

방법 05 나만의 행복을 찾아보자 · 25

방법 06 '행복'의 함정에 주의하자 · 28

방법 07 역경을 성장으로 바꾸자 · 31


## 2장 부정적인 감정을 잘 다루는 방법

방법 08 부정적인 감정의 특징을 알아보자 · 35

방법 09 부정적인 감정을 소중히 여기자 · 37

방법 10 '부정적인 늪'에 빠졌다는 것을 알아차리자 · 39

방법 11 부정적인 감정에서 벗어나는 좋은 방법과 나쁜 방법을 알아 두자 · 41

방법 12 긴장될 때 탈출하는 방법 · 43

방법 13 짜증 날 때 탈출하는 방법 · 46

방법 14 답답할 때 탈출하는 방법 · 47

방법 15 미래가 불안할 때 탈출하는 방법 · 49

방법 16 부러울 때 탈출하는 방법 · 51

방법 17  자신을 배려하자 · 55

방법 18  긍정적인 감정과 부정적인 감정의 균형을 맞추자 · 57

방법 19  자신의 복잡한 감정을 있는 그대로 받아들이자 · 59


## 3장  변화에 대응하는 힘을 키우자!

방법 20  관점을 바꾸면 행동이 바뀐다! '마음의 작동 원리'를 알자 · 63

방법 21  생각이 감정을 결정한다는 것을 알아 두자 · 66

방법 22  마음속 대화에 귀를 기울여 보자 · 68

방법 23  부정적인 관점의 유형을 알아 두자 · 70

방법 24  생각의 증거를 모아 보자 · 80

방법 25  세 가지 관점으로 다시 생각해 보자 · 83

방법 26  상황과 사물의 양면을 함께 바라보자 · 86

방법 27  나를 위로해 주는 앵무새를 찾아보자 · 88

방법 28  분노에 사로잡혔을 땐 '일시 정지' 버튼을 누르자 · 90

방법 29  문제 해결 능력을 키우자 · 91

방법 30  지금 할 수 있는 일에 주목하자 · 93

방법 31  자신과 타인의 책임을 구분하자 · 95

방법 32  문제 해결에 도움이 되는 행동을 나열해 보자 · 98


## 4장  실패하기 때문에 성장한다

방법 33  마인드셋(Mindset)을 이해하자 · 103

방법 34  못하는 것도 즐길 수 있는 힘을 키우자 · 105

방법 35   자신의 마인드셋을 알아보자 · 106

방법 36   마인드셋은 행동에 큰 영향을 끼친다는 것을 알아 두자 · 108

방법 37   성장 마인드셋을 키우자 · 111

방법 38   '하면 된다!'라고 생각하는 힘을 키우자 · 113

방법 39   포기하지 않고 노력하는 힘을 기르자 · 117

방법 40   휴식 시간도 소중히 여기자 · 120

방법 41   에너지를 높이는 긍정적인 감정에 대해 알아보자 · 122


5장   누군가와 함께 위기를 극복하는 힘

방법 42   행복의 열쇠 '좋은 관계'를 키우자 · 127

방법 43   통제할 수 있는 일과 통제할 수 없는 일을 구분하자 · 129

방법 44   마음의 경계선을 잘 지키자 · 132

방법 45   나와 상대방 모두를 존중하는 대화법을 익히자 · 135

방법 46   더 좋은 관계를 맺기 위해 필요한 세 가지 요소를 알아보자 · 139

방법 47   행복의 사이클을 돌리자 · 143


6장   진짜 자기 모습을 아는 것이 가장 큰 무기가 된다

방법 48   '강점'의 종류를 알아보자 · 147

방법 49   나의 성격적 강점을 알아보자 · 149

방법 50   강점을 이용해 가까워지자 · 166


맺음말 · 168

# 1장

## 역경에 굴복하지 않는다!
## 마음의 회복력
## '회복탄력성'이란?

# 역경을 이겨 내는 힘
# '회복탄력성'이란 무엇인가?

'회복탄력성'은 역경을 견디는 힘, 어려움에 굴하지 않는 힘, 좌절 앞에서도 다시 일어서는 힘을 뜻합니다. 회복탄력성은 전 세계적으로 중요한 힘으로 주목받고 있어요.

현대를 살아가는 우리는 코로나19 팬데믹, 지진과 폭우 같은 자연재해, 전쟁과 테러 등 큰 역경과 시련을 직간접적으로 경험했고, 지금도 경험하고 있습니다. 여러분의 몸과 마음도 이러한 변화에 적응하기 위해 필사적으로 노력하고 있을 거고요.

삶과 일상의 변화는 우리의 마음에 부담으로 다가오기 마련입니다. 지난 몇 년간 겪은 큰 파동 속에서 지금까지 버텨 온 여러분은 회복탄력성을 발휘하는 동시에 키워 온 셈이에요.

우리 삶에는 여러 문제가 놓여 있습니다. 자연재해나 전쟁 같은 세계적인 문제도 있고, 학교생활부터 친구 혹은 가족 관계, 진로와 미래까지 고민은 끝이 없어요. 그 고민이 나에게 큰 사건일수록 걱정하는 시간이 길어지고, 감정 소모도 커져서 부정적인 마음에서 벗어나지 못하게 됩니다. 삶의 에너지를 잃게 되지요. 그건 어른들도 마찬가지예요.

하지만 그러한 역경과 괴로움을 딛고 다시 일어설 수 있다는 사실을 기억합시다. 사람은 누구나 회복탄력성이라는 마음의 힘을 가지고 있으니까요.

학교생활을 예로 들어 볼까요? 처음에는 새로운 환경과 교과목에 적응해야겠지요. 이에 익숙해졌다 싶으면 다음에는 주변 친구들과 적절한 관계를 맺는 것에 대한 어려움, 공부나 성적에 대한 고민이 찾아올 수도 있습니다. 또한 인간관계가 복잡해질수록 그동안 잘하고 있던 일들도 좀처럼 풀리지 않게 될 수도 있고요. 졸업을 앞둔 상황에서는 진로나 미래에 대한 막연한 불안감도 커지고 스트레스도 받기 쉬워질 겁니다. 학교를 졸업한 후에도 끝이 아니죠. 작은 어려움부터 큰 고난까지, 다양한 역경을 만나게 될 테니까요. 하지만 이 어려움들을 하나하나 극복함으로써 우리의 회복탄력성은 자라납니다.

힘들어 보이는 일들만 나열했지만, 학교생활을 하면서 만나는 즐거움, 성취감, 보람도 많을 거예요. 관심 분야를 공부하고, 동아리 활동에 성실히 매진하고, 나와 잘 맞는 친구들을 사귀기도 하면서요. 이러한 긍정적인 경험은 어려움을 극복하는 데 큰 힘이 될 것입니다.

'나는 회복탄력성을 가지고 있지 않은 것 같은데…….'라고 생각했나요? 그래도 괜찮아요. 왜냐하면 회복탄력성은 배우고 익힐 수 있는 '기술'이거든요. 그리고 이 힘을 배우는 데에 나이는 상관없습니다.

# 쓰러져도 괜찮아!
# 풀 죽어도 괜찮아!
# 회복탄력성을 키워 보자

예전에 "저는 다른 사람의 말 한마디에 쉽게 상처받고 울기도 해요. 마음이 약한 것 같아요."라며 상담을 요청해 온 한 중학생이 있었습니다. 쉽게 상처받고 쉽게 울어 버리는 사람은 '마음이 약한' 걸까요? 그럼 '마음이 강하다'는 건 무엇을 의미할까요?

넬슨 만델라는 남아프리카공화국에서 아파르트헤이트 반대 운동(백인 우월주의 인종 격리 정책의 철폐를 위해 전개된 저항 운동)을 주도했고, 장장 27년간 옥고를 치렀습니다. 하지만 그 공로로 노벨 평화상을 수상했고, 남아프리카공화국 최초의 흑인 대통령이 되었지요.

넬슨 만델라는 생전 "인생에서 가장 큰 영광은 결코 넘어지지 않는 것이 아니다. 넘어질 때마다 계속 일어나는 것이다."라는 명언을 남기기도 했는데요. 이 명언에서 우리는 아주 중요한 두 가지 사실을 배울 수 있습니다.

첫 번째, 누구나 인생에서 넘어질 수 있고 힘든 순간을 마주할 수 있다는 사실입니다. 그중에는 내 잘못, 내 의지가 전혀 관여되지 않을 때도 있을 겁니다.

두 번째, 힘들고 어려운 일이 생기면 누구나 낙담하거나 괴로워할 수 있다는 사실입니다. '힘든 일 앞에서도 흔들리지 않는 마음'보다 중요한 건 '힘든 일 때문에 우울한 상황에서도 다시 일어날 수 있는 힘'인 것이지요.

이것이 바로 회복탄력성이라 불리는 마음의 힘입니다.

스트레스나 고민 앞에서도 의연하고 흔들리지 않는 마음이 강한 마음이라고 무심코 생각하기 쉽습니다. 하지만 '우울하거나 상처받았음에도 다시 일어서고자 하는 힘' 역시 강한 마음입니다. 누군가에게 날카롭고 모진 말을 들으면 우울한 것이 당연해요. 그만큼 그 말을 진심으로 받아들이고 있는 것이니까요. 중요한 건 우울하고 상처받은 그 순간, 다시 일어서는 것입니다.

# 세 개의 컵을 마음에 비유해 볼까요?

**<스테인리스>**

힘을 가해도 쉽게         스트레스나 싫은 일이        태연한 마음.
변형되지 않는다.         있어도 전혀 동요하지
                        않는다.

**<유리>**

힘을 가하면              작은 충격에도            연약한 마음.
깨진다.                 부서지기 쉽다.

**<플라스틱>**

힘을 가하면              흠집은 나지만, 펴지면       이게 바로
구겨진다.               다시 컵으로 돌아간다.       회복탄력성!

# 다양한 회복탄력성의
# 형태에 대해 알아보자

여러분의 친구나 가족 혹은 알고 있는 유명인 중 회복탄력성이 높다고 생각되는 사람을 떠올려 볼까요? 그 사람은 어떤 마음의 힘을 가지고 있을까요?

- 직장에서 힘들어도 포기하지 않고 자신의 일에 열중하는 엄마
- 짜증 나는 일이 생겨도 다음 날이면 활기차고 밝은 마음으로 하루를 시작하는 아빠

이 밖에도 할아버지나 할머니, 친구나 유명인 등 여러분 머릿속에 저마다 떠오르는 사람이 있을 거예요. 그 사람들이 어떤 힘을 가지고 있는지 한번 생각해 봅시다.

회복탄력성을 잘 발휘하는 사람들을 살펴볼까요? 친근하고 가까운 예로 애니메이션 주인공들을 들 수 있겠네요.

일본의 인기 애니메이션 〈귀멸의 칼날〉의 주인공 '카마도 탄지로'나 〈원피스〉의 주인공 '몽키 D. 루피' 등은 뛰어난 회복탄력성을 가진 캐릭터입니다. 탄지로는 가족을 잃은 슬픔에 굴하지 않고 도깨비(혈귀)로 변한 여동생을 인간으로 되돌리기 위해 수많은 적과 싸우죠. 스스로 끊임없이 격려하고 눈앞의 과업을 차근차근 이루어 가며 회복탄력성을 발휘합니다. 본래 긍정적인 성격을 가지고 있는 루피는 역경이나 고난을 마주했을 때 동료나 스승의 도움을 얻어 그 상황을 극복해 나갑니다.

회복탄력성을 발휘한 역사적 인물들도 많습니다.

헬렌 켈러를 그 예로 들 수 있겠네요. 그녀는 들을 수도, 볼 수도, 말할 수도 없는 세 가지 장애를 가지고 있었지만 설리번 선생님의 도움으로 자신만의 삶을 살아가기 시작했습니다.

헬렌 켈러는 이러한 말들을 남겼는데요.

"행복의 문 하나가 닫히면 또 다른 행복의 문 하나가 열립니다. 하지만 우리는 닫힌 문에만 신경 쓰느라 또 다른 문이 열렸다는 걸 눈치채지 못하지요."

"세상은 힘들고 어려운 일들로 가득하지만, 또한 그것을 이겨 낼 수 있는 것들도 넘쳐 납니다."

완벽한 상황이나 상태가 아니더라도, 내가 지금 가지고 있는 것에 열중한다면 자기다운 삶을 살아갈 수 있다는 사실을 깨닫게 하는 명언입니다.

애니메이션 속 캐릭터나 역사 속 인물이 그러하듯, 우리 주변에서도 많은 사람들이 어려운 상황을 극복하기 위해 힘을 내고 있습니다. 이를 통해 회복탄력성은 누구나 갖고 있으며, 삶에 꼭 필요한 힘이라는 사실을 알 수 있어요.

다만, 회복하는 과정에서 사용하는 힘은 사람마다 다릅니다. 타인의 위로나 응원으로 힘을 얻는 사람도 있고, 자신의 상황을 담담히 받아들이는 시간이 도움 되는 사람도 있습니다. 또한 상황에 따라서 회복탄력성이 발휘되는 방식은 달라질 수 있지요.

이 책을 통해서 여러분은 어떤 회복탄력성을 가지고 있는지 생각해 봅시다. 누군가가 해냈다고 해서 여러분도 똑같이 이겨 내야 한다는 뜻이 아니에요. 나에게 맞는 회복탄력성을 찾는 일은 자신의 특성을 이해하고, 내 삶의 전문가가 된다는 것을 의미하기도 합니다. 다른 사람과 같지 않아도 괜찮아요. 자기 자신을 제대로 이해하고, 자신만의 속도로 삶을 꾸려 나가 보세요.

방법 04

# 회복탄력성은
# 자립을 지지하는 힘이 된다

여러분은 중학생 혹은 고등학생이 된 뒤로 행동이나 생각의 변화를 경험한 적이 있나요?

'사춘기'라는 단어를 다들 들어 보았을 거예요. 만 11세부터 18세 무렵까지 우리의 몸과 마음은 크게 변화합니다. 이 시기에는 감정이 오르락내리락 널뛰곤 하죠. 더불어 "나는 어떻게 살아가야 할까?", "나다운 건 뭐지?" 같은 질문을 스스로에게 던지게 됩니다. 자신을 객관적으로 바라보며 의식하게 되고, 이 때문에 마음이 흔들리는 일이 많아져요.

이 시기에는 부모님이나 선생님의 한마디에 화가 나고 짜증이 나는, 부정적인 기분을 자주 느끼기도 합니다. 자신의 생각대로 움직이고 싶은 마음과 관심을 가져 주었으면 하는 마음이 충돌할 수도 있어요. 친구와의 갈등에도 예전보다 훨씬 민감해져서 '미움받고 있는 건 아닐까?', '친구들이 날 어떻게 생각하는 걸까?' 하며 불안해지는 날도 있을 테고요.

또한 이성을 향한 관심도 높아질 겁니다. 친구들끼리 성적인 이야기를 나누는 횟수가 늘어날지도 모르겠네요. 음악이나 영화, 취미 등 자기 취향에 맞는 분야에 흥미를 느끼고 관심도 넓어질 겁니다.

이렇듯 사춘기는 자신의 내면과 타인과의 관계에서 변화를 느끼는 시기입니다. 자립을 향해 나아가고 있다는 의미이기도 하지요.

'자립'이란 누군가에게 보살핌을 받는 것이 아닌, 할 수 있는 일을 스스로 하는 것입니다. 하지만 혼자서 모든 것을 짊어진다는 의미는 아니에요. 어려운 상황에 처했을 때 주변에 도움을 요청할 줄 아는 것 역시 자립의 중요한 요소 중 하나입니다.

어떤 상황에서도 자신이 원하는 길을 선택하고 행동할 수 있는 행복한 어른이 되기 위해서는 이 '자립'이 큰 열쇠가 됩니다. 여러분은 지금 이 순간에도 자립을 향해 한 걸음 한 걸음 내딛고 있는 거예요.

자립의 과정에는 역경과 고난, 부모님과의 관계 변화 등 넘어야 할 산들이 많습니다. 회복탄력성은 그 과정에서 여러분의 편이 되어 줄 거예요.

방법 05

# 나만의 행복을
# 찾아보자

행복한 삶이란 어떤 삶일까요?

여러분은 어떤 때 행복하다고 느끼나요? 친구들과 놀 때? 맛있는 음식을 먹을 때? 새 옷을 살 때? 시험에서 좋은 점수를 받을 때? 축구를 하거나 춤을 추며 열중할 때?

사실 '행복하기 위해서 어떤 것이 필요한가'에 대한 연구는 지금까지도 활발하게 이어지고 있어요. 그동안의 연구 결과들을 종합했을 때, 즐겁고 긍정적인 감정뿐만 아니라 누군가와 좋은 관계를 맺는 것, 목표를 달성하는 것, 무언가에 몰입하고 몰두하는 것 역시 행복에 필수적인 요소라고 합니다.

그럼 행복의 요소에 대해 함께 살펴볼까요?

## 행복의 요소

• **긍정적인 감정**

즐거움, 기쁨, 흥미 등의 감정을 느끼는 것. 긍정적인 감정은 기분이 좋아질 뿐만 아니라 몸과 마음의 에너지를 높여 시야를 넓히고 성장하게 해 준다.

• **몰입도**(주체적 관여 및 몰두)

취미나 관심 분야에 몰두하거나 몰입할 수 있는 것. 시간이 가는 줄도 모르게 어떤 것에 깊이 빠져드는 경험은 자연스러운 고양감, 상쾌한 활력을 선사한다.

• **관계성**

친구나 가족 등과 좋은 관계를 맺고 있는 것. 서로 연결되어 있다는 감각은 사람을 행복하게 한다.

• **의미·의의**

사회적 약자를 돕거나 동물을 소중히 여기는 등 자신에게 중요하고 의미 있는 일을 하는 것. 자기만의 의미를 찾으면 귀찮거나 고통스러운 일에도 행복을 느낀다.

• **성취**

꾸준한 연습으로 못하던 것을 할 수 있게 되었을 때, 열심히 공부해 시험에서 좋은 점수를 받았을 때 느끼는 감정. 노력으로 목표를 이루어 내면 성취감과 자신감을 얻을 수 있다. 포기하지 않고 도전하는 과정에서 우리는 성장하고 행복을 느낀다.

• **건강**

몸의 건강, 마음의 건강 모두 행복의 중요한 부분이다. 이를 위해 잘 자고, 잘 먹고, 잘 움직여야 한다.

**여러분은 어떤 행복의 씨앗을 가지고 있나요? 아래 질문을 보며 생각해 봅시다.**

### 긍정적인 감정
**Q.** 지난 일주일 동안 긍정적인 감정을 느낀 적이 있나요? 언제, 어떤 기분이었나요?

### 몰입도
**Q.** 시간이 가는 걸 잊은 채 몰입할 때가 있나요? 어떤 일을 하고 있을 때인가요?

### 관계성
**Q.** 여러분을 지지해 주는 사람, (특히 힘든 상황일 때) 의지할 수 있는 사람, 여러분에게 애정을 주는 사람이 있나요? 아주 적어도, 아주 많아도 괜찮아요. 그 사람들을 떠올리면 어떤 기분이 드나요?

### 의미·의의
**Q.** 여러분이 진정으로 중요하다고 생각하는 것은 무엇인가요? "이것만은 양보할 수 없다!" 싶은 생각이나 지키고 싶은 가치 혹은 의미 등을 떠올려 봅시다.

### 성취
**Q.** 앞으로 한 달 안에 달성하고 싶은 목표는 무엇인가요? 그 목표를 이루기 위해 지금부터 할 수 있는 일은 무엇일까요?

### 건강
**Q.** 매일 잘 자고 있나요? 식사는 규칙적으로, 골고루 먹고 있나요? 적절한 운동을 하고 있나요? 건강한 몸과 마음을 위해 할 수 있는 일들을 생각해 봅시다.

# '행복'의 함정에
# 주의하자

**힘들고 괴로운 상황에서는 행복할 수 없다?**

인생에서 힘든 일이 생기면 행복할 수 없다고 생각하기 쉽습니다.

하지만 역경과 어려움이 있어도 행복할 수 있어요. 힘든 상황 속에서도 기쁨과 감동을 찾을 수 있고, 이를 통해 새로운 것을 얻을 수도 있으니까요.

예를 들어 볼까요? 친구와 크게 다투고 우울해졌을 때 반려동물을 쓰다듬고 있으면 마음이 한결 나아집니다. 열심히 준비해 참여한 대회나 경기에서 좋은 성과를 내지 못하면 아쉬운 마음에 풀 죽어 있다가도 맛있는 밥을 먹으면 기운이 솟아나기도 하지요.

이렇게 우리 일상에는 힘든 마음보다 활기찬 기쁨, 긍정적인 마음을 불러일으키는 일들이 가득하답니다.

## 행복은 금방 사라진다?

우리는 좋은 일이 있으면 행복을 느낍니다. 하지만 시간이 지나 상황에 익숙해지면 그 행복에 무뎌질 때가 많지요. 무언가를 갖기 전에는 '저게 있으면 행복할 거야!' 하고 생각했는데, 막상 손에 넣고 나니 갖지 못한 또 다른 것을 떠올리며 만족하지 못했던 경험은 누구에게나 있을 거예요. 다른 사람과 비교하게 된다든지, 작은 실수가 신경 쓰여 지금의 행복을 느끼지 못하는 경우도 있고요.

좋아서 시작한 일이라도 점점 익숙해지면 지루하게 느껴질 수도 있어요. 그럴 땐 조금이라도 새로운 것을 시도해 보세요. 신선한 기분으로 다시 몰두할 수 있을 거예요.

스스로를 주변과 자꾸만 비교하게 될 때는 타인이 아닌 자신의 성장에 눈을 돌려 봅시다.

사소한 것이 신경 쓰이고 싫증이 난다면 넓은 시야로 바라보는 건 어떨까요? 친한 친구의 어떤 면이 거슬린다고 그 부분에만 신경 쓰다 보면, 친구가 가진 좋은 면을 놓치게 될지도 몰라요.

행복을 한마디로 정의하기는 어렵답니다. 앞에서 이야기한 대로 행복은 여러 가지 요소가 쌓이고 더해져 만들어지니까요.

회복탄력성을 키우는 것뿐만 아니라 행복하게 살 수 있는 힘을 기르는 것 역시 풍요로운 삶을 위해 꼭 필요한 일입니다.

인생에는 기복이 있기 마련이에요. 삶의 굴곡 앞에서도 회복탄력성을 발휘하며 스스로 행복을 찾고 느낄 줄 안다면, 여러분도 풍요로운 삶을 일구어 갈 수 있을 것입니다.

행복한 삶에는 회복하는 힘과 행복해지는 힘이 모두 필요합니다.

# 역경을 성장으로 바꾸자

인생에 즐거운 일만 있는 것은 아닙니다. 어려움과 역경에 처했을 때, '다른 사람들은 다 잘 살고 있는데 나만 힘드네.' 하고 느낄 수 있어요. 또 '이 고통에서 영영 벗어날 수 없을 것 같아.'라는 생각이 들 수도, 친구 혹은 미디어 속 사람들과 자신을 비교하며 우울해질 수도 있습니다.

하지만 인생은 길고, 인생의 행복은 어떤 한순간만으로 가늠할 수 없습니다.

이솝 우화 〈토끼와 거북이〉를 떠올려 보세요. 달리기 경주를 막 시작했을 때는 토끼가 이기고 있었지만, 경주의 승자는 거북이였습니다. 처음엔 토끼가 더 빨랐지만 마지막에는 거북이가 역전했지요.

물론, 인생은 다른 사람의 것과 비교할 수 있는 것이 아니에요. 기억해야 할 것은 현재 상황만으로 '잘하고 있다, 못하고 있다' 판단할 수 없다는 사실입니다.

무엇보다 중요한 건 '인생의 길에서 무엇을 얻었는가'예요. 그것은 도움을 주는 친구일 수도 있고, 상처받은 경험에서 얻은 친절함일 수도 있어요. 역경을 극복하며 배운 지혜일 수도 있고요. 이처럼 삶의 여러 과정에서 무엇을 얻었는지에 주목하다 보면, 힘든 상황을 극복한 뒤에는 '그런 시간이 있었기에 얻은 것도 있구나.' 느끼며 성장하게 될 것입니다. 마치 험난한 길에서 방해가 되는 돌멩이를 주워 가며 걷다가 목적지에 도착해 보니, 손에 쥔 돌멩이들이 사실은 반짝반짝 빛나는 보석이었다는 이야기처럼요.

지금 당장 이해하기는 어려울 수 있지만, 살다 보면 이러한 경험을 통해 얻는 깨달음이 점차 많아질 거예요.

# 2장

## 부정적인 감정을
## 잘 다루는 방법

# 부정적인 감정의
# 특징을 알아보자

민준이는 원하는 학교에 가기 위해 열심히 공부하고 있습니다.

하지만 근래 들어가고 싶었던 동아리 면접에서 떨어지고, 좋아하는 친구에게 고백했지만 거절당하는 등 안 좋은 일이 계속되면서 공부에 집중할 수 없게 되었어요.

기분 전환을 위해 게임을 해 보기도 하지만, 계획했던 시간보다 더 오래 해서 오히려 후회할 때도 많습니다. 공부를 열심히 해야 한다는 걸 알면서도 실천하지 못하는 자신에게 화가 나고 불안한 마음을 감출 수 없어요. 가족에게 화풀이도 하게 되고요. 그럴 때면 며칠 동안 불쾌한 기분에서 벗어나지 못합니다.

서연이는 매우 밝고 활기찬 성격이에요.

학교생활에서 존재감이 남다르고, 동아리에서도 크게 활약하고 있어요. 친구들과 함께 어울려 수다 떠는 시간을 제일 좋아하고요.

하지만 가끔씩 '혹시 친구들에게 미움받고 있는 건 아닐까…….' 하는 불안감이 불쑥 들 때가 있어요. 그런 생각이 들기 시작하면 우울한 기분에서 좀처럼 빠져나오지 못합니다. 초등학교 때 따돌림당했던 경험이 떠올라 두려움이 다시 피어오르곤 해요.

여러분도 이런 부정적인 감정과 생각에 사로잡혀 힘들었던 경험이 있나요? 과거의 일이 떠올라 괴로워지거나 미래를 생각하면 불안해지는 순간은 어른에게도 있어요. 분노, 우울, 불안, 짜증, 좌절감, 두려움 등 부정적인 감정으로 가득 차면 거기서 벗어날 수 없을 것 같은 느낌이 들기도 합니다. 무기력에 빠지기도 하고요.

그렇다면 이럴 때, 민준이와 서연이는 어떻게 하면 좋을까요?

우선 부정적인 감정에 대한 이해도를 높여 봅시다.

# 부정적인 감정을
# 소중히 여기자

우리 인간이 부정적인 감정을 갖게 된 데는 그만한 이유가 있습니다. 생명을 지키는 데 필요하기 때문이에요.

인간이 수렵 생활을 하던 시대를 상상해 볼까요? 산책을 하고 있는데, 나무 뒤에서 맹수가 우리를 노리고 있습니다. 근처에서 사각사각하는 소리가 나는 순간, 우리가 느끼는 '무섭다'라는 감정은 '도망친다'라는 행위로 이어지게 되겠지요. 사냥을 하다가 다치거나 목숨을 잃을 수도 있다는 '불안'을 느끼면 사냥 준비를 더욱더 철저히 하고 주변 경계에도 더 힘쓸 거고요. 만약 이런 상황에서 '뭐지? 한번 볼까?' 하는 호기심이 앞선다면 우리는 맹수에게 아주 쉽게 잡아먹히고 말 거예요.

두려움은 도망치거나 숨는 행동으로 이어져 생명을 지키도록 해 줍니다. 우울함은 몸과 마음을 쉬게 하는 신호이고, 불안은 단단히 준비하고 대비하는 행위의 밑바탕이 됩니다. 또한 분노는 소중한 물건이나 사람을 지키기 위해 싸우는 힘이 되기도 하지요.

이처럼 부정적인 감정은 인간에게 없어서는 안 될 중요한 감정입니다. 그리고 사람의 뇌는 생명을 지키기 위해 부정적인 감정을 더 쉽게 받아들이게 되어 있어요.

우리의 행동은 진화 과정에서 형성된 '오래된 뇌'와 현대를 살아가며 발달한 '새로운 뇌'의 작용으로 결정됩니다. 오래된 뇌는 생명을 지키는 것이 최우선이며, 부정적인 감정을 느끼면 위험 신호를 보내고 즉시 행동으로 옮기지요. 반면 새로운 뇌는 매우 합리적이에요. 상황을 냉정하게 판단하고 적확하게 행동하려 합니다. 둘 다 뇌의 중요한 기능이지만, 오래된 뇌가 과민하게 작동하여 부정적인 감정이나 반응이 커지면 새로운 뇌의 냉정한 판단이 어려워집니다.

부정적인 감정뿐만 아니라 부정적인 기억이나 사건도 사람의 마음속에 남아 있기 쉽다고 알려져 있어요. 우리가 여러 번의 칭찬보다 한 번의 부정적인 말이나 사건에 훨씬 더 마음을 쓰게 되는 것은 바로 이러한 뇌의 특성 때문이랍니다.

# '부정적인 늪'에
# 빠졌다는 것을 알아차리자

부정적인 감정은 우리의 생명을 보호하기 위해 존재합니다. 뇌는 눈앞의 상황이 위험하다고 판단하면 생명을 지키는 데만 집중해요. 몸 역시 위험에 대응할 수 있도록 변화하고요. 위험이 닥쳤을 때, 우리 몸은 주로 싸우거나 도망치는 반응을 보입니다. 그리고 둘 다 불가능할 때는 그대로 멈춰 버리기도 하지요.

몸은 위험에 맞서 곧바로 싸울 수 있도록 심박수를 높이거나 당장은 필요 없는 소화 기능을 약화시키거나(이는 복통으로 이어지기도 해요.) 눈앞의 위험에만 집중하기 위해 새로운 뇌의 신호를 무시하는(그래서 이성적으로 생각하기 어려워져요.) 등의 변화를 일으켜요. 오래된 뇌는 매우 활발하게 움직이는 반면, 새로운 뇌는 제 역할을 하지 못하는 상태가 됩니다. 이럴 땐 사실이 아닌 것을 상상하기 쉽고, 냉정한 판단이 힘들어지기 때문에 사고방식이나 방향이 극단적으로 흐르게 됩니다.

이런 식으로 부정적인 감정, 부정적인 생각, 그리고 그에 따른 몸의 변화는 우리의 에너지를 빼앗고 더 나쁜 상황으로 끌어 내리는 악순환을 일으키기도 해요.

앞에서 만난 민준이와 서연이도 처음엔 사소한 계기로 부정적인 감정을 느꼈지만 이후로 그 기분에서 쉽게 벗어나지 못하는데요. 이 또한 부정적인 감정의 특성이에요. 머릿속에 박혀서 떨어지질 않거든요.

감정과 생각, 그리고 몸의 반응이 모두 '부정적인 늪'에 빠지게 되면 우리는 거기서 잘 헤어 나오지 못하게 됩니다. 이 상태에서는 아무리 좋은 일이 생겨도 알아차리지 못하고, 상황을 객관적으로 바라볼 수 없게 되지요. 어린이, 청소년뿐만 아니라 누구라도 이런 상태에 빠질 수 있어요. 어른이라 할지라도요.

**중요한 것은, 부정적인 늪에 계속 머물지 않고 빠져나오는 것입니다.**

# 부정적인 감정에서 벗어나는
# 좋은 방법과 나쁜 방법을 알아 두자

민준이는 동아리 면접에서 떨어지고 좋아하는 아이에게 마음을 거절당해서 공부에 집중하지 못하고 있습니다. 짝사랑 실패에, 동아리 입부 탈락까지⋯⋯. 나쁜 일이 연이어 일어나니 민준이는 분명 많이 슬프고 억울했을 거예요.

기분 전환을 위해 게임을 해 보아도 달라지는 건 없었지요. 스스로를 통제하지 못했으니까요. 기분을 바꾸려 노력한 시도 자체는 좋았지만 그 방법이 적절하지 않았던 거예요.

우리는 그러한 행동이 좋지 않다는 걸 알면서도, 장시간 게임을 하거나 통제 없이 미디어를 시청하거나 가족처럼 가까운 이들에게 화풀이하며 기분을 달래려고 할 때가 있습니다. 어른들조차도 건강에 해로운 음식으로 과식하거나 감정적으로 소리를 지르며 스트레스를 풀기도 하지요. 하지만 이러한 방식의 기분 전환은 오히려 공부 시간을 빼앗고, 가족과의 사이가 나빠지는 등 또 다른 문제를 낳을 수 있어요. 그렇기에 좋은 해결책이라고 볼 수 없습니다.

　또 어떤 사람은 누구와도 대화하지 않고 방에 틀어박혀 버리기도 해요. 이 방법은 일시적으로 마음을 안정시키는 데 효과적일 수 있거든요. 하지만 그럼에도 부정적인 늪에서 빠져나오지 못하는 경우에는 다른 방법을 찾아야 합니다.

　다음 장에서는 이런 문제를 일으키지 않는, 과학적으로 입증된 '부정적인 감정에서 벗어나는 방법'을 소개할게요.

# 긴장될 때
# 탈출하는 방법

현우는 시험 전이나 발표 전에 긴장을 많이 하는 편입니다. 불안감에 휩싸여 제대로 실력을 발휘하지 못할 때도 종종 있어요. 본인에게 중요한 일이라고 생각할수록 심리적인 압박도 커지는 법이니까요. 이런 불안은 쉽게 이룰 수 없는 '도전'을 마주했을 때 찾아옵니다.

우리는 무언가에 진지하게 도전하고자 할 때 불안을 느끼고 몹시 긴장하게 되는데. 이런 반응은 그 일을 잘 해내고 싶은 마음을 대변하는 것이기도 합니다. 어떤 일이든 진지하게 임하려는 태도 자체가 멋진 거예요.

하기 쉬운 일만 한다면 긴장하거나 불안할 필요가 없을 거예요. 하지만 조금 더 용기를 내어 할 수 있는 범위, 안심할 수 있는 범위 밖으로 나아가는 것은 '컴포트 존(스트레스나 불안이 없는 상태)'을 벗어나는 행위이자 개인의 성장에 꼭 필요한 경험이 됩니다. 도전하는 순간에는 마음이 불안으로 가득 차겠지만, 해내고 나면 분명 다른 감정도 느끼게 될 거예요.

불안과 긴장에서 벗어나고 싶을 때는 '심호흡'을 해 보세요. 호흡은 스스로 조절할 수 있습니다. 호흡을 가다듬으면 마음도 차분해지지요. 자신의 호흡에 주의를 기울이며 숨을 천천히 내쉬고 들이마시기를 반복하는 거예요. 숨을 내쉴 때는 피곤함, 짜증 등 부정적인 감정이 빠져나가고, 숨을 들이마실 때는 반짝반짝 빛나는 공기가 온몸에 퍼지고 있다고 상상해 봅시다.

심호흡을 하면 집중력이 향상되고 마음과 머리가 맑아집니다. 긴장감과 불안감으로 가득할 때, 먼저 자신의 호흡을 가다듬어 보세요.

# 짜증 날 때
# 탈출하는 방법

민서는 학교에서 선생님께 꾸중을 듣고 짜증이 나면 가족들에게 도리어 화를 내고는 합니다. 부모님 말씀에 퉁명스럽게 대꾸하거나 동생의 말을 무시하면서요. 머리로는 그러면 안 된다고 생각하지만 짜증은 쉽게 가라앉지 않아요.

이렇게 스트레스받고 짜증 날 때, 가족이나 친구에게 나도 모르게 화풀이하게 되는 경우가 있는데요. 이런 일이 계속되면 소중한 친구, 가족과의 관계가 나빠질 수밖에 없어요.

이럴 때는 심호흡과 더불어 '운동'을 추천합니다. 운동은 사춘기 호르몬 변화로 인한 불안을 줄여 준다고 하지요. 여러분은 어떤 운동을 좋아하나요? 러닝, 축구 등의 운동뿐만 아니라 동네 산책, 스트레칭과 같은 가벼운 움직임도 충분히 효과를 볼 수 있습니다.

# 답답할 때
# 탈출하는 방법

지훈이는 친구가 무심코 내뱉은 한마디가 신경이 쓰여 마음이 답답합니다. 친구에게 당장 "아, 짜증 나! 이제 너랑 안 놀아!" 하고 메시지를 보내 버리려다가도 '이렇게 얘기하는 것도 좀 아닌 거 같은데…….' 라는 생각이 듭니다.

자신의 감정이 모호하고 이해하기 어렵다고 느껴질 때에는 '글쓰기' 를 추천해요. 누군가 또는 어떤 일로 인해 기분이 상했을 때 자신의 감정이나 생각을 글이나 그림으로 표현해 보는 거예요.

"○○에게 ~라는 말을 들었을 때, 정말 기분이 나빴어! 짜증도 났어!"와 같이 자신의 감정을 가능한 솔직하게 써 내려가 봅시다. 글로 표현하기 어렵다면 펜이나 색연필로 종이에 낙서를 해 보는 것도 괜찮습니다. 비슷한 효과를 기대할 수 있으니까요.

자신의 기분을 가감 없이 솔직하게 적어 보는 것은 부정적인 늪에서 벗어나는 데 도움이 됩니다. 또한 감정적으로 행동하기 전에 잠시 멈춰 마음을 들여다보는 연습은 성숙한 인간관계를 위한 밑거름이 되어 줄 거예요.

지금의 감정을 글이나 낙서로 표현해 보고, 그 작은 기록이 어떤 변화를 가져오는지 살펴보세요.

# 미래가 불안할 때
# 탈출하는 방법

유진이는 미래만 생각하면 불안해서 잠이 오질 않습니다. '내가 원하는 학교에 합격할 수 있을까? 만약 떨어지면 어떻게 해야 하지? 앞으로 뭘 하며 살아야 할까?'와 같은 생각이 들기 시작하면 걱정이 꼬리에 꼬리를 물고 이어지지요. 그러다 보면 결국 아무것도 손에 잡히지 않고 기운이 나지 않아요.

미래나 장래에 대해 고민하고 생각하는 것은 정말 중요합니다. 여러분이 성장하고 있다는 증거이기도 하고요. 왜냐하면 아주 어린아이일 때는 미래에 대해 깊이 생각하는 능력이 아직 발달하지 않거든요.

하지만 삶에는 '통제할 수 있는 일'과 '통제할 수 없는 일'이 분명히 존재합니다. 다른 사람의 감정이나 날씨, 천재지변 같은 것은 누구도 통제할 수 없지요. 하지만 상황을 어떤 시각으로 바라볼 것인지, 다른 이들과 어떻게 관계를 맺어 갈 것인지는 우리 스스로 결정할 수 있습니다.

통제할 수 없는 일에 너무 신경 쓰다 보면 괴로워질 수밖에 없어요. 이럴 때는 먼저 여러분이 할 수 있는 일에 집중해 보세요. 특히 몰입해서 할 수 있는 활동을 추천할게요. 여러분은 어떤 일을 하고 있으면 시간이 금방 지나가나요? 독서? 요리? 스포츠? 그 활동을 하고 나면 마음이 가벼워지나요?

# 부러울 때
# 탈출하는 방법

민재는 요즘 같은 반 친구 한 명이 너무나 부럽습니다. 그 아이는 친한 친구도 많고, 공부도 잘하고, 동아리 활동도 열심히 하거든요. 소위 말하는 '엄친아' 그 자체랄까요. 그에 비하면 자신은 정말 재미없는 사람 같습니다. 그리고 그런 생각을 할수록 자신의 단점, 부족한 점만 곱씹고 자책하게 돼요.

사람은 저마다의 특성이 있고, 살아온 환경도 다릅니다. 많은 사람들과 어울려 노는 것을 좋아하는 사람이 있는가 하면, 소수의 사람과 깊고 차분한 대화를 나누는 것을 더 좋아하는 사람도 있지요. 이 세상에 똑같은 사람은 단 한 명도 없어요. 그렇기에 나 자신과 다른 사람을 비교해서 얻을 수 있는 것은 아무것도 없습니다.

대신, 과거의 나와 지금의 나를 비교하며 바뀌거나 나아진 점을 살펴보세요. 여러분의 성장에 훨씬 더 도움이 될 테니까요. 자신의 특성을 이해하고 긍정해 주세요. 다른 사람과 똑같이 행동할 필요는 없어요. '나에게 중요한 것은 무엇일까? 친구들과는 어떤 방식으로 관계를 맺고 싶은가?' 스스로에게 물어보세요.

물론, 어쩔 수 없이 다른 사람과 비교하게 되는 경우도 있습니다. 중요한 것은 그 비교로 인해 부정적인 감정에 휩싸였다면 거기서 바로 벗어나야 한다는 거예요.

이를 위해 음악의 힘을 빌리는 것도 좋은 방법 중 하나입니다. 평소에 어떤 음악을 들으면 마음이 편안해지고 기분이 좋아지는지 떠올려보세요. 좋아하는 노래를 부르거나 악기를 연주하는 것도 비슷한 효과가 있답니다.


부정적인 감정의 늪에서 벗어나기 위해 무엇보다 중요한 것은 **여러분에게 맞는, 편한 방법을 찾는 것**입니다. 부정적인 감정이 불쑥 찾아와도 바로 쓸 수 있도록, **여러분 자신과 다른 이들 모두를 배려하는**(즉, 또 다른 문제를 일으키지 않는) **방법들을 찾아 미리 목록으로 작성해 두세요.**

**평온한 상태에서 '나만의 감정 회복 방법'을 미리 기록해 둡시다.**

> **Q.** 어떻게 호흡하면 마음이 편해지나요?
>
>   그 호흡법을 하기 가장 편한 장소는 어디인가요?

> **Q.** 가장 좋아하는 운동은 무엇인가요?

> **Q.** 글쓰기를 언제, 어떤 방식으로 할 때
>
>   나의 기분과 감정에 도움이 되는 것 같나요?

> **Q.** 모든 것을 잊고 몰입할 수 있는 활동은 무엇인가요?

> **Q.** 가장 좋아하는 음악은 무엇인가요?
>
>   (기분이 좋아지는 음악 또는 마음이 진정되는 음악)

방법 12부터 16에서 소개된 활동들을 직접 해 보고, 어떤 변화가 생기는지 확인해 보세요. 마음이 편안해지고 기분이 상쾌해졌나요? 그때 느꼈던 긍정적인 감정들을 이미지로 기억해 둡시다.

# 자신을
# 배려하자

실패했을 때, 후회할 때, 슬플 때 "좀 더 열심히 할걸!", "아, 그때 그렇게 했어야 했는데!" 하고 자책해 본 경험, 다들 있지요? 하지만 이럴 땐 스스로를 탓하기보다는 "최선을 다했어. 이렇게 힘들고 괴로운 일은 누구에게나 생길 수 있는 거야." 하며 있는 그대로의 자신을 받아들이고, 스스로에게 따뜻하고 다정한 위로를 건네 보세요.

이렇게 자기 자신을 상냥하게 대하고 배려하는 것을 '자기자비(Self-compassion)'라고 해요. 이 방법은 역경을 이겨 낼 수 있는 힘으로 작용한다고 합니다. 무언가에 실패했을 때 스스로를 엄하게 다그쳐야 한다고 생각하는 사람이 많지만, 사실 자신에게 배려와 격려를 건네는 것이 훨씬 더 큰 동기 부여가 되어 준다고 해요. 여러 연구 결과로 이미 밝혀진 사실이지요. 또한 자기자비는 스트레스를 감소시킬 뿐만 아니라 행복감을 높여 주는 효과도 있답니다.

자기자비를 기르는 방법에는 여러 가지가 있는데요. 마음을 안정시키는 자신만의 제스처를 만들어 보는 것이 그중 하나입니다. 양손으로 자신을 꼭 껴안거나 어깨를 토닥토닥 두드리는 등 스스로에게 위로와 친절함을 건넬 수 있는 동작을 찾아보세요. 자신에게 배려의 말을 해 주는 것도 좋습니다.

자기자비를 키우면 부정적인 감정을 견딜 수 있는 강력한 힘이 길러집니다. 불편하고 피하고 싶은 감정도 담담하게 수용할 수 있게 되는 거예요. 그러면 부정적인 감정의 늪에 빠지지 않고, 즉 자책하거나 남을 탓하지 않고 내면의 상태를 정확히 인식할 수 있게 돼요.

결과적으로 생각과 태도, 행동을 적절하게 선택할 수 있게 됩니다. 자신의 감정을 소중히 여기며 자신의 인생도 스스로 선택할 줄 아는 사람이 되는 것이지요.

방법 18

# 긍정적인 감정과 부정적인 감정의
# 균형을 맞추자

지금까지 부정적인 감정의 늪에서 벗어나는 방법을 살펴보았습니다. 감정에는 부정적인 감정뿐만 아니라 긍정적인 감정도 있는데요. 기쁨(기쁘다!), 흥미(해 보고 싶은데?), 안도감(편안해.), 경외감(대단해!) 등과 같은 감정은 우리에게 활력을 주는 에너지의 원천이지요. 긍정적인 감정에 대해서는 방법 41에서 자세히 다룰게요.

'매일 좋은 기분만 느끼고 살 순 없는 걸까.' 하고 생각하는 친구들도 있을 텐데요. 앞서 말했듯이 삶에는 다양한 일들이 펼쳐지기 때문에 부정적인 감정이 생기는 것 역시 당연합니다. 우리의 생명을 지키는 소중한 감정이기도 하고요.

중요한 것은 긍정적인 감정과 부정적인 감정 사이의 균형입니다. 마음의 활력을 얻으려면 부정적인 감정보다 긍정적인 감정을 훨씬 더 많이, 자주 느껴야 해요. 사람이 부정적인 감정을 한 번 느끼면 긍정적인 감정은 그 세 배로 느껴야 에너지를 얻을 수 있다는 연구 결과도 있어요. 이 비율이 정확한지는 논란의 여지가 있지만(연구 결과는 계속해서 변하니까요.) 부정적인 감정을 쉽게 느끼는 우리 뇌의 특성을 생각하면 긍정적인 감정이 더 많이 필요하다는 것은 여러분도 쉽게 이해할 수 있을 거예요.

안 좋은 일이 있었던 날에도 즐거웠던 일, 잘한 일 등을 찾아 자신의 감정을 좋은 쪽으로 바라보려 노력해 보세요. 긍정적인 감정의 비율을 더 높이 끌어 올릴 수 있을 테니까요.

방법 19

# 자신의 복잡한 감정을
# 있는 그대로 받아들이자

자신의 감정과 친해지는 것은 어른들에게도 쉬운 일이 아닙니다. 왜냐하면 인간의 마음은 원래 복잡하기 때문이지요. 대개 우리는 하나의 감정만을 느끼는 것이 아니라 여러 감정을 동시에 품고 있어요.

심지어 긍정적인 감정과 부정적인 감정을 함께 느낄 때도 자주 있습니다. 친한 친구가 시험에서 좋은 성적을 받으면 기쁜 마음으로 축하해주다가도 조금은 부럽고 서운한 감정이 생길 수 있지요. 또 새로운 일에 도전할 때는 설레는 마음과 두려운 마음이 동시에 생겨날 수도 있고요.

서로 상반된 감정을 함께 느끼는 것은 인간이라면 누구나 겪는 자연스러운 마음의 움직임입니다. 친구의 일이니까 무조건 기뻐해야 한다거나 도전을 두려워하면 안 된다고 억지로 생각할 필요는 없어요. 우리가 느끼는 다양한 감정에 옳고 그름은 없으니까요.

'나는 기쁘면서도 조금은 서운하고, 설레면서도 동시에 두렵구나.' 하고 지금 느끼는 감정을 인정하고 받아들여 보세요. 자신의 복잡한 감정을 그대로 마주할 수 있게 되면, 우리는 감정과 친해질 수 있습니다. 어떤 감정도 능숙하게 다룰 수 있게 되지요. 또한 다른 사람의 복잡한 마음도 받아들일 수 있게 되고요.

여러분이 느끼는 감정은 모두 중요합니다. 항상 귀 기울여 여러분의 마음이 무엇을 말하고 있는지 잘 들어 주세요. 우리의 마음은 평생 함께해야 하는 동반자니까요.

# 3장

# 변화에 대응하는
# 힘을 키우자!

# 관점을 바꾸면 행동이 바뀐다!
# '마음의 작동 원리'를 알자

스포츠 동아리의 주전 멤버에서 제외된 준서와 민지.

준서는 '내가 벤치 멤버라니! 말도 안 되는 일이야!'라고 생각하며 방에 틀어박혀 연습에 나가지 않았어요.

민지는 '어쩔 수 없지. 연습을 더 많이 해서 경기에 출전할 수 있도록 힘내 보자! 친구들 응원도 열심히 해야지.'라며 긍정적인 마음으로 연습에 임했지요.

둘에게 똑같은 상황이 일어났는데, 준서는 의기소침해졌고 민지는 새로운 의욕을 가지게 되었습니다. 그 이후의 행동도 전혀 다른데요. 왜 그럴까요?

그것은 상황을 받아들이는 방식, 사고방식이 영향을 미쳤기 때문입니다.

| 상황 | 머릿속 생각<br>(인식 방식, 사고방식) | 감정 | 행동 |
|---|---|---|---|
| 스포츠 동아리의<br>주전 멤버에서<br>제외되었다. | 내가 벤치 멤버라니!<br>말도 안 되는 일이야! → | 우울함 → | 방에 틀어박혀<br>나오지 않는다. |
| | 어쩔 수 없지.<br>연습을 더 많이 해서<br>경기에 출전할 수 있도록 →<br>힘내 보자! | 새로운 의욕<br>(긍정적인 마음) → | 연습에 더 성실히<br>참여한다. |

© 사단법인 일본긍정교육협회

**준서의 경우**

'내가 벤치 멤버라니! 말도 안 되는 일이야!' (인식)

→ 우울함 (감정) → 방에 틀어박혀 나오지 않는다. (행동)

**민지의 경우**

'어쩔 수 없지. 연습을 더 많이 해서 경기에 출전할 수 있도록 힘내
보자! 친구들 응원도 열심히 해야지.' (인식)

→ 새로운 의욕 (감정) → 연습에 더 성실히 참여한다. (행동)

# 생각이 감정을
# 결정한다는 것을 알아 두자

방법 20에서 살펴본 예시에서 알 수 있듯, 같은 사건이 일어나도 사람마다 느끼는 감정은 다 다릅니다. 왜 그럴까요?

감정의 방향은 '일어난 사실' 그 자체에 의해 결정되는 것이 아니라 우리가 그 사실을 '어떻게 받아들이느냐'에 따라 결정되기 때문입니다. 감정은 몸으로 나타나기도 해요. 우울한 감정을 느끼면 실제로 가슴이 답답해지는 게 바로 그 예지요. 또, 행동으로 이어지기도 합니다. 울적한 날에는 방 안에 틀어박히거나 짜증이 불쑥 솟구칠 때는 애꿎은 물건에 화풀이하는 것처럼요.

부정적인 생각은 부정적인 감정을 낳고, 부정적인 행동으로 이어집니다.

대부분의 사람들은 어떤 사건이 생기면 그로 인해 자신의 감정이 변

한다고 생각해요. 하지만 사실은 그렇지 않답니다. 그 사건을 받아들이는 방식에 따라 감정이 바뀌고, 그 감정에서 비롯된 행동을 하게 됩니다.

상황을 인식하는 사고방식은 습관과 같아요. 비슷한 일이 생기면 무의식적으로 늘 해 오던 대로 상황을 받아들이고, 그에 따라 감정과 행동도 이전과 비슷한 반응을 보이게 됩니다.

중요한 건, 상황을 마주했을 때 하던 일을 멈추고 나의 감정과 행동이 어떻게 달라지는지 알아차리는 것이 생각보다 쉽지 않다는 점이에요.

# 마음속 대화에
# 귀를 기울여 보자

'나는 어떤 식으로 상황을 받아들이고 있을까?' 한번 생각해 보세요. 마치 마음속의 나와 대화하고 있는 듯한 느낌이 들지 않나요?

사람은 누구나 머릿속으로 혼잣말을 합니다. 지각할 것 같은 아침에는 '빨리 가야지! 늦으면 안 되는데!'라거나 심심한 휴일에는 '친구들 불러서 놀자고 할까? 그런데 약속이 있다고 하면 어쩌지?' 하고 생각하지요.

이처럼 우리는 일상에서 계획을 세우고, 문제 해결 방법을 고민하고, 감정을 정리하며 마음속의 나와 대화를 나눕니다. 하지만 그 대화를 모두 입 밖으로 꺼내지는 않아요. 때로는 머릿속으로 생각했던 것과는 반대되는 말을 내뱉기도 하고요.

마음속의 나와 대화를 나누는 일은 누구나 하는 자연스러운 행동이

기에 문제 될 것은 없습니다. 다만 그 대화의 '내용'은 주의 깊게 살펴볼 필요가 있어요.

평소에 마음속의 나와 어떤 대화를 나누고 있는지 찬찬히 떠올려 봅시다. 나 자신을 기분 좋게 하는 대화인가요? 아니면 우울하게 만드는 대화인가요?

# 부정적인 관점의
# 유형을 알아 두자

지금부터 우리가 흔히 가지는 부정적인 관점을 일곱 가지 유형으로 나누어 소개하겠습니다. 이 유형들은 누구나 해 봤을 법한 생각이며, 이러한 관점이 어떤 부정적인 감정을 불러오는지도 다들 잘 알고 있을 거예요.

여기서는 여러분의 이해를 돕기 위해 부정적인 관점을 '앵무새'에 빗대어 이야기해 보도록 할게요. 이 앵무새들이 우리 어깨 위에 올라타 어떤 말들을 속삭이는지 살펴봅시다.

여러분도 이 일곱 마리 앵무새처럼 세상을 바라보고 있지 않은지, 한쪽으로 치우친 채 상황을 바라보고 있지 않은지 생각해 보세요. 만약 그렇다면 앵무새들은 지금도 속삭이고 있을 겁니다. 여러분뿐만 아니라 친구나 선생님, 부모님의 어깨 위에서도요.

# 동현이의 남 탓 앵무새

**상황** 또 지각해서 선생님께 혼이 났다.

**생각** '엄마가 안 깨워 줘서 늦은 거야! "네가 알아서 일어나야지!"라는 엄마 말이 틀린 건 아니지만, 엄마는 항상 먼저 일어나잖아. 깨워 줄 수도 있는 거 아냐? 내가 지각한 건 다 엄마 때문이야!'

**감정** 짜증이 난다.

**행동** 주변 사람들에게 화풀이한다.

**특징** 남 탓 앵무새는 "일이 잘 안되는 건 그 사람 잘못이야! 나는 잘못한 게 없어!"라고 말하며 책임을 회피합니다. 고집이 세고 자기주장을 굽히지 않으며, 모든 일을 극단적인 흑백 논리로 구분 짓는 경향이 있어요. 평소에도 화를 잘 내는 편이고요.

**대처법** 우선 마음을 가라앉힌 뒤, 다음 날 일어날 시간에 맞추어 스스로 알람을 맞추거나 "내가 아침에 일어나지 않으면 깨워 줘." 하고 다른 이에게 부탁할 수 있습니다.

남 탓 앵무새가 나타났을 때는 '이 상황에서 내가 할 수 있는 일은 무엇일까?'를 먼저 생각해 봅시다.

# 수빈이의 포기 앵무새

**상황**   내일은 시험이다. 밤새워 공부하면 될 줄 알았는데, 시험 범위가 너무 넓어서 진도가 전혀 나가지 않는다. 어느새 밤 열한 시. 졸음이 몰려온다.

**생각**   '이제 너무 늦었어. 지금 해 봤자 안 될 거야. 역시 나는 공부하고는 안 맞아.'

**감정**   불안하다.

**행동**   포기한 채 잠들어 버린다.

**특징**   포기 앵무새는 어려운 문제 앞에 서면 꼼짝없이 주저앉아 버립니다. 자신이 할 수 있는 것은 아무것도 없다고 생각하고 도전을 포기하지요. 무기력증을 자주 느끼는 편입니다.

**대처법**   완벽하지 않더라도 할 수 있는 만큼 해 보는 것이 중요합니다. '이번에는 모든 범위를 공부하진 못했지만, 다음 시험 기간에는 미리 계획을 세워서 공부하자! 졸리고 힘들더라도 할 수 있는 데까지 열심히 해 봐야지!' 하는 태도로 임해 보세요.

포기 앵무새가 나타났을 때는 경험을 통해 배운다는 마음가짐으로 눈앞에 놓인 과제나 문제를 하나하나 천천히 풀어 나가 봅시다.

# 우진이의 걱정 앵무새

**상황**   지은이에게 SNS 메시지를 보냈다. 읽음 표시가 떴지만 답장은 오지 않았다. 지은이는 요즘 들어 건우와 붙어 다닌다.

**생각**   '메시지를 보고도 무시하다니……. 지은이는 이제 나를 싫어하는 걸까. 건우랑 내 뒷담화를 하고 있을지도 몰라.'

**감정**   불안하고 두렵다.

**행동**   지은이를 피하거나 괜히 신경질적으로 대한다. 우울감에 빠져 다른 친구들과도 놀지 않게 된다.

**특징**   걱정 앵무새는 미래에 대한 불안감이 심한 편입니다. 부정적인 결과가 나올 거라고 지레짐작하지요. 사소한 일을 대재앙처럼 생각하기도 하고요. 그래서 지나치게 두려워하고 자주 긴장하곤 합니다.

**대처법**   미래에 일어날 일과 타인의 감정은 누구도 알 수 없습니다.

지은이는 바빠서 답장을 못 보냈을 수도 있고, 나중에 천천히 답하려고 했을 수도 있어요. 또 지은이와 건우가 친하게 지낸다고 해서, 두 사람이 우진이에 대해 뒷담화를 하고 있는지는 알 수 없고요.

물론, 걱정했던 상황이 실제로 일어난다면 몹시 힘들겠지만 그럴수록 스스로를 다독이며 생각을 바꾸어 봅시다.

친구와의 관계는 변하기 마련이에요. 당장 잘 풀리지 않더라도 방법을 찾고 노력한다면 관계는 얼마든지 나아질 수 있습니다.

걱정 앵무새가 나타났을 때는 내가 바라는 결과가 무엇인지, 그 일을 위해 어떤 일을 할 수 있을지를 구체적으로 생각해 보세요.

# 예준이의 정의 앵무새

**상황**  동아리 선생님은 늘 지안이만 칭찬한다. 예은이도 잘하고, 나도 열심히 하는데……. 결국 지안이가 동아리 대표로 뽑혔다! 공정하지 않아!

**생각**  '정말 불공평해! 지안이만 편애하잖아! 동아리 선생님은 모든 부원들에게 공평하게 관심을 기울이고, 칭찬해 주고, 활동할 기회를 주어야 하는 거 아니야?'

**감정**  매우 화가 난다.

**행동**  동아리 선생님이 싫어져서 더 이상 동아리를 나가지 않게 되었다.

**특징**  정의 앵무새는 '옳고 그름'과 '공정성'을 중요하게 여깁니다. 자신의 정의를 끝까지 밀고 나가려고도 해요. 무언가 잘못되었다 싶으면 극심한 분노와 거부감을 느끼기도 하고요.

**대처법**  사람마다 소중하게 여기는 가치관이 있습니다. 그것이 상대방과 다를 때, 비판하고 싶어지거나 틀렸다고 말하고 싶을 때도 있을 겁니다. 하지만 좋고 나쁨을 명확하게 가를 수 있는 경우는 드물어요. 상대방의 의견에도 일리 있는 경우가 많고요. 누구나 자신의 생각이 가장 옳다고 생각하기 쉽지만, 상대방의 입장이 되어 보면 그 사람이 무엇을 중요하게 여기는지 보일 거예요.

동아리 선생님은 나름의 입장에서 학생들을 공정하게 대하고 있을 수도, 어떤 기준에 따라 지안이를 동아리 대표로 뽑았을 수도 있습니다. 정의 앵무새의 목소리가 너무 커질 때는 옳고 그름에 대한 관점은 잠시 접어 두고, 상대방이 어떤 생각을 가지고 있는지 귀 기울여 보세요.

## 승민이의 **패배자** 앵무새

**상 황**   짝사랑하는 아이가 생겼다.

**생 각**   '나 같은 애를 좋아해 줄 리가 없어. 그 애에 비하면 나는 공부도 못하고 잘생기지도 않았는데, 어떻게 날 좋아하겠어! 말도 안 돼!'

**감 정**   우울하고 침울하다.

**행 동**   고백은커녕 다른 친구들과 자신을 비교하기 바쁘다. 날이 갈수록 마음이 울적해진다.

**특 징**   패배자 앵무새는 자신을 늘 다른 사람과 비교하며 '난 저 사람보다 못났어!'라고 생각해 버립니다. 패배감이나 열등감, 우울함 같은 감정에 휩싸여 있는 경우가 많아요.

**대처법**   사람이라면 누구나 저마다의 좋은 점과 잘하는 것을 가지고 있습니다. 공부나 운동을 잘하는 것처럼 눈에 보이는 장점도 있고, 따뜻한 친절함이나 깊은 배려심 등 성격적인 장점도 있어요. 우리는 알게 모르게 눈에 보이는 부분만 남과 비교하며 우울해지는 경우가 많습니다. 자신만의 좋은 점을 발견하고, '나다움'을 소중히 여길 수 있게 되면 여러분을 소중하게 대하는 이들이 자연스럽게 다가와 줄 거예요.

# 시연이의 죄책감 앵무새

**상황** 수학 시험을 앞둔 어느 날, 친구 재은이가 "기출 문제집 구하면 나한테도 알려 줘!" 하고 부탁했다. 시연이는 곧 학원에서 문제집을 구했지만, 반에서 1등을 하고 싶은 욕심에 재은이에게 알려 주지 않았다. 결국 재은이는 수학 시험을 망쳤고 재시험을 보게 되었다.

**생각** '기출 문제집을 안 보여 준 나는 친구 자격도 없어!'

**감정** 죄책감과 불안감 때문에 괴롭다.

**행동** 친구와 거리를 두려 하고, 계속 자신의 나쁜 점만을 생각한다.

**특징** 죄책감 앵무새는 모든 게 내 탓이라고 생각하는 경향이 있고, 자책하는 데 시간을 쏟곤 합니다. 이 때문에 불안감, 조급함에 시달리기도 해요. 그럴수록 감정은 더욱 증폭됩니다. 부정적인 늪에 빠지기 쉬운 사고방식이에요.

**대처법** 후회하는 일은 누구에게나 있어요. 어른들도 자주 합니다. 하지만 자책만 하고 있으면 지금 할 수 있는 긍정적인 행동을 할 수 없게 돼요. 반에서 1등을 하고 싶어서 친구에게 기출 문제집을 보여 주고 싶지 않은 마음은 결코 나쁜 감정이 아닙니다. 더군다나 친구가 시험을 망친 것은 친구 본인이 감당해야 할 몫이고요. 물론 '내가 기출 문제집을 보여 줬었더라면 괜찮았을 텐데…….' 하는 마음도 이해가 가지만, 시험은 공부하는 방법을 포함해 스스로 노력해야 하는 거예요. 대신, 이제부터 재시험을 준비해야 하는 친구를 도와줄 수는 있겠지요?

# 현진이의 무관심 앵무새

**상황**  누군가 진로나 장래 희망에 대해 물었다.

**생각**  '어떻게 되든 상관없어. 지금 생각하기 싫은걸.'

**감정**  무관심하고 무기력하다. '지금만 좋으면 됐지.' 하는 마음뿐이다.

**행동**  미래에 대해 깊이 생각하지 않고 당장 하고 싶은 일만 한다.

**특징**  무관심 앵무새는 문제를 회피하고 가만히 놔두면 문제가 언젠가는 해결될 것이라고 믿습니다. 지금만 괜찮으면 된다고 생각하죠. 이런 태도는 무기력함으로 이어집니다.

**대처법**  누구나 문제로부터 거리를 두고 싶을 때, 관심을 두지 않는 방식으로 자신의 마음을 보호하려고 합니다. 미래는 알 수 없는 것이니 불안하기도 하고, 도무지 모르겠다는 생각이 들 수도 있어요. 때로는 생각하는 것조차 귀찮게 느껴질 수도 있고요. 하지만 이런 상태가 계속된다면 마음의 휴식이 필요하다는 신호일지도 몰라요.

무관심 앵무새가 곁에서 좀처럼 떠나지 않을 때는 '내가 할 수 있는 일이 무엇일까?' 하고 스스로에게 물어보세요. 누군가를 돕거나 공부를 하거나 자신의 의견을 전달하는 등 무엇이든 행동으로 옮겨 보는 것을 추천합니다. 행동이 바뀌면 결과도 바뀔 수 있으니까요.

자, 여러분에게는 어떤 앵무새가 주로 찾아오나요? "전부 다요!" 하는 친구도 있을 테고, "학교랑 집에서 나오는 앵무새가 달라요!" 하는 친구도 있을 거예요. 이런 앵무새가 여러분 마음속에 있다는 건 결코 나쁜 게 아닙니다. 누구나 살면서 이 앵무새들처럼 상황을 바라볼 때가 있기 마련이거든요.

중요한 것은 여러분이 어떤 식으로 상황을 바라보고 받아들이고 있는지, 즉 여러분의 어깨 위에 어떤 앵무새가 앉아 있는지 스스로 깨닫는 것입니다.

여러분에게 자주 나타나는 부정적인 앵무새는 무엇인가요?

그 부정적인 앵무새는 어떤 말을 하나요?

내 어깨 위에는 _____ 앵무새가

자주 나타납니다.

이 앵무새가 자주 하는 부정적인 말은

"_____

_____ "

입니다.

# 생각의 증거를
# 모아 보자

내 안의 앵무새(부정적인 관점)를 알아차렸다면, 그 앵무새가 무슨 말을 하는지 잘 들어 보세요. 내가 상황을 어떤 방식으로 생각하고 해석하고 있는지 살펴보는 거죠. 그다음에는 그 생각(앵무새의 말)이 사실인지 확인하기 위해 '증거'를 모아야 합니다.

지유는 주말에 친구들과 함께 파자마 파티를 하고 싶은데, 아빠는 "중학생이 친구들과 외박하기에는 아직 일러."라며 허락해 주지 않았습니다. 지유는 이 일로 친구들 사이에서 소외될까 봐 걱정이에요. 하지만 아무리 이야기해 보아도 아빠는 "부모 말을 들어야지."라는 말만 반복하네요.

아빠와 이야기하면 항상 이런 식입니다. 늘 말다툼이 벌어지거든요. 지유는 자기 방으로 달려가 문을 잠그고 침대에 엎드려 울곤 해요. '아빠는 날 전혀 이해 못 해!'라고 생각하면서요.

이 경우, 지유에게는 어떤 앵무새가 나타났을까요? 지유는 '아빠가 자신을 전혀 이해해 주지 않는다'고 생각하며 분노와 슬픔을 느끼고 있어요.

그런데 지유의 생각이 100퍼센트 사실일까요? 혹시 지유의 부정적인 앵무새가 너무 극단적으로 생각하고 있는 것은 아닌지 검증할 필요가 있어요. 그러기 위해서는 증거 수집이 중요합니다.

이제부터 지유의 생각을 뒷받침하는 사실(증거)과 그 생각에 반대되는 사실을 수집해 봅시다. 여기서 중요한 건 감정이 아니라 '사실'을 되돌아보는 것이에요.

### 지유의 생각을 뒷받침하는 사실·증거

- 친한 친구들이랑 딱 하룻밤 보내고 오는 건데, 아빠는 누구와 가는지는 묻지도 않고 무조건 안 된다고만 한다.
- 친구들 중 나만 못 가게 되었는데, 내가 소외당할 수 있다는 걸 전혀 이해하지 못한다.

### 지유의 생각에 반대되는 사실·증거

- 평소에 아빠는 항상 "오늘 하루는 어땠어?" 하고 물어봐 준다.
- 전에 친구와 싸웠을 때 내 이야기를 계속 들어 주었다.
- 숙제가 어려울 때는 함께 고민하고 가르쳐 준다.

이제 모은 증거들을 저울질해 봅시다. 어느 쪽의 증거가 더 많나요?

대부분 내 생각이 전적으로 맞거나 전적으로 틀린 경우는 거의 없습니다.

증거를 다 모았다면, 한쪽으로 치우친 앵무새의 말을 균형 잡힌 생각으로 수정해 봅시다. 바로 이렇게요!

"아빠가 친구들과의 외박은 아직 안 된다고 하셔서 속상해. 하지만 평소에는 내가 하고 싶은 대로 하게 해 주는 아빠가 안 된다고 하시는 걸 보면, 나를 걱정해서 그러시는 걸 수도 있어. '아직 이르다'고 했으니까 조금 더 크면 허락해 주실 거야!"

물론, 상황을 바라보는 관점을 바꾸는 건 정말 어려운 일이에요. 그럴 때 도움이 되는 방법을 다음 장에서 소개할게요.

방법 25

# 세 가지 관점으로
# 다시 생각해 보자

**다른 사람의 눈**　내가 존경하는 롤 모델이나 멘토라면 어떻게 생각할까?

**탐정의 눈**　탐정처럼 감정은 배제하고 사실만 모아 생각해 볼까?

**높고 넓은 눈**　열기구를 타고 하늘 높이 올라가 내려다보면 어떻게 보일까?

처음에 느꼈던 부정적인 감정이나 생각을 한순간에 바꾸는 것은 불가능합니다. "다 내 탓이야……."라고 생각했던 사람이 갑자기 "난 잘못한 게 하나도 없어!"라고 생각할 수 없고, "내 미래는 망했어……." 하고 생각하던 사람이 갑자기 "내 미래는 내 뜻대로 될 거야!"라고 말할 수 없어요. 그건 현실적이지 않으니까요.

우리 함께 다음 상황을 살펴봅시다.

| 상 황 | 친구에게 인사를 했는데 답이 없다. |
|---|---|
| 생각 바꾸기 전 | 나를 싫어하는 건가. |
| 생각 바꾸기 후 | 나를 싫어할 수도 있지만, 인사를 못 들었을지도 몰라. |

　여기서 핵심은 '조금만 바꾸어 생각'해 보는 거예요. 생각하는 방식을 조금만 바꾸면 감정도 달라집니다. 행동은 그보다 더 크게 달라질 거고요.

79쪽에 썼던 부정적인 앵무새의 이름과 말을
세 가지 관점에서 다시 한번 써 보세요. 어떤 느낌이 드나요?

내 어깨 위에는 _____ 앵무새가

자주 나타납니다.

이 앵무새가 자주 하는 부정적인 말은

"_____

_____"

입니다.

# 상황과 사물의 양면을
# 함께 바라보자

세상 모든 일에는 늘 좋은 면과 나쁜 면이 공존합니다. 컵에 물이 반정도 차 있을 때 "물이 반밖에 없잖아." 하면서 푸념할 수 있지만, "물이 반이나 남았네." 하고 기뻐할 수도 있다는 유명한 일화처럼요.

이처럼 상황과 사물을 바라보는 틀(프레임)을 바꾸는 것을 '리프레이밍(Reframing)'이라고 합니다. 쓰고 있던 안경을 바꿔 쓴다고 생각하면 좀 더 쉽게 이해가 될지도 모르겠네요.

타고 가야 할 기차가 20분 연착되었다고 상상해 볼까요? '아, 계획이 틀어졌잖아! 짜증 나!' 하고 생각할 수 있지만, 다르게 생각하면 '오, 20분 동안 여유가 생겼네? 책을 좀 읽어야겠다.' 하고 생각할 수도 있습니다.

실제로 리프레이밍을 통해 위대한 발명을 해낸 사람도 있어요.

1968년, 미국의 한 제조 기업 연구원이었던 스펜서 실버는 항공기에

쓸 수 있는 강력한 접착제를 개발하고 있었습니다. 그러다 '잘 붙긴 하지만 금방 떨어지는' 기묘한 접착제를 만들고 말았어요. 접착제로서는 완벽한 실패작이었죠. 하지만 그는 관점을 살짝 달리해 보았습니다. "쉽게 떨어진다는 건, 붙였다 떼었다 하기 쉽다는 거잖아?" 그렇게 해서 탄생한 것이 바로, 우리가 평소에 잘 사용하는 점착식 메모지 '포스트잇'입니다.

이처럼 관점을 달리하면 실패도 기회가 될 수 있어요. 모든 일, 모든 사물은 좋은 면과 나쁜 면을 동시에 가지고 있으며, 그것은 우리가 어떤 프레임, 어떤 관점으로 보느냐에 따라 달라진답니다.

부정적인 생각에 사로잡혔을 때는 얼른 관점의 프레임을 바꿔 보세요. 막막하고 답답한 상황에서 "다르게 생각해 볼 순 없을까?"라는 질문은 여러분에게 새로운 돌파구가 되어 줄 거예요.

# 나를 위로해 주는
# 앵무새를 찾아보자

여러분의 어깨 위에는 나쁜 말을 속삭이는 부정적인 앵무새만 있는 것은 아니에요. 좋은 말을 건네주는 긍정적인 앵무새도 있답니다.

어려움을 마주한 여러분에게 "힘내! 너라면 할 수 있어!" 하고 격려해 주거나 "많이 힘들지? 네 마음, 다 이해해." 하고 위로의 말을 해 주는 앵무새들이요. 지금 여러분 마음속에는 어떤 긍정 앵무새가 있나요? 어떤 말을 들으면 힘이 나고 의욕이 솟아날까요?

어떤 친구는 "하면 된다!"라고 기운을 북돋워 주는 '동기 부여 앵무새', 어떤 친구는 "넘어져도 괜찮아! 다시 일어나면 돼!" 하고 응원해 주는 '칠전팔기 앵무새', 어떤 친구는 "지금 그대로도 충분해."라고 다독여 주는 '행복 앵무새'를 떠올렸어요. 여러분도 자신만의 긍정 앵무새를 한번 찾아보세요!

### 나만의 긍정적인 앵무새를 찾아봅시다.

**Q** 자신만의 긍정 앵무새 이름을 지어 보세요.

예) 칭찬 앵무새, 할 수 있다 앵무새, 괜찮아 앵무새 등

**Q** 그 앵무새가 속삭여 줬으면 하는 말을 적어 보세요.

예) "오늘도 고생 많았어!", "실수해도 괜찮아!", "누가 뭐래도 넌 최고야!"

**Q** 가능하다면 앵무새의 모습도 그림으로 그려 보세요.

# 분노에 사로잡혔을 땐
# '일시 정지' 버튼을 누르자

준영이는 엄마가 잔소리하기 시작하면 생각할 겨를도 없이 "아, 제발 그만 좀 해!"라고 꽥 소리를 지르고 맙니다. 머리로는 분노 때문에 이성을 잃었다는 걸 알면서도, 몸이 먼저 반응해 버리는 것이죠.

이럴 때는 우선 말과 행동을 '일시 정지' 하세요! 복잡하게 생각할 필요는 없습니다. 그냥 하던 행동을 멈추고 입을 다무는 거예요. 그 상황에서 잠시 자리를 피하는 것도 도움이 됩니다.

그리고 몇 번 크게 심호흡해 보세요. 흥분이 서서히 진정될 겁니다. 마음이 좀 가라앉고 나면 무엇이 문제였는지 차분히 생각해 봅시다. 상황을 너무 부정적으로만 받아들여서 화가 난 건 아닌지, 긍정적으로 생각을 바꾸어 봐도 여전히 화가 날 만한 상황인지 말이에요.

# 문제 해결 능력을
# 키우자

   살다 보면 아무리 긍정적으로 생각하려 노력해도 어떤 일들은 여전히 괴롭고 힘들게 느껴집니다. 왜냐하면 우리가 마주하는 어려움에는 '통제할 수 있는 일'과 '통제할 수 없는 일'이 있기 때문이에요.

   내가 좋아하는 사람이 나를 좋아해 줄지는 알 수 없지요. 하지만 그 사람에게 어울리는 매력적인 사람이 되기 위해 노력할 수는 있어요. 또, 엄마가 잔소리하는 것은 막을 수 없지만 그 잔소리에 어떻게 반응할지는 스스로 결정할 수 있고요.

   사람은 자신의 행동이 기대한 결과로 이어질 때 비로소 '상황을 통제하고 있다'는 안정감을 느낍니다.

   예를 들어, 스위치를 눌렀을 때 불이 켜지면 "내가 불을 켰구나." 하고 생각하겠죠? 하지만 스위치를 눌러도 불이 들어오지 않거나 아무것도 하지 않았는데 불이 제멋대로 켜졌다 꺼졌다 한다면요? 아마도 '내가 상황을 통제하지 못하고 있나 봐……' 하며 몹시 불안해질 거예요.

이처럼 인생에서 일어나는 일들을 '내가 통제할 수 있다'고 느낄 때, 우리 삶의 만족도가 올라갑니다. 어렵고 힘든 일도 더 잘 이겨 낼 수 있고요.

그렇기에 스스로 통제할 수 있는 일과 통제할 수 없는 일을 명확히 구분하고, 자신이 통제할 수 있는 일에 집중하는 태도가 무엇보다 중요합니다.

# 지금 할 수 있는 일에 주목하자

미국의 심리학자이자 '긍정 심리학의 아버지'로 불리는 마틴 셀리그먼(Martin Seligman)은 1967년에 '학습된 무기력'이라는 심리학 이론을 발표했습니다.

학습된 무기력이란 '노력이나 행동이 결과로 이어지지 않는 경험을 반복해서 겪다 보면 결국에는 뭘 해도 소용없다고 믿게 되고, 나중에는 결과를 충분히 바꿀 수 있는 상황에서도 시도조차 하지 않은 채 지레 포기해 버리는 상태'를 말해요. 셀리그먼 박사는 실험을 통해 '사람은 자신의 행동으로 결과를 바꿀 수 없다고 느낄 때 무기력에 빠진다'는 사실을 증명했지요. 또한 이 무기력 상태는 우울증의 원인이 될 수 있고, 소중한 사람을 잃거나 큰 실패를 겪는 것과 같은 수준의 정신적 고통을 안겨 준다고도 말했어요.

이러한 학습된 무기력은 일상생활에서도 흔히 나타납니다. 여러 번 도전해도 계속 실패하면, 나중에는 아예 도전할 엄두조차 내지 못하고 포기하게 되지요.

일상에서 학습된 무기력을 극복하는 가장 좋은 방법은 목표를 작은 단계로 쪼개는 겁니다. 아주 사소한 목표라도 하나씩 달성해 나가며 성취감과 자신감을 되찾는 것이 중요해요.

또한 일이 잘 풀리지 않을 때는 내가 그 상황을 어떻게 받아들이고 있는지 점검해 봅시다. 실패했다고 인생이 거기서 끝나지 않아요. 지금부터 여러분이 할 수 있는 일에 주목해 보세요.

# 자신과 타인의
# 책임을 구분하자

곤란한 일이나 힘든 일이 생겼을 때는 그 문제의 원인이 무엇인지 생각나는 대로 전부 적어 보세요.

오늘 재현이는 체육관에서 같은 반 친구인 도윤이에게 심한 말을 들었습니다. 게다가 평소 친하게 지내던 은하는 바로 옆에 있었지만 도와주지 않았고요. 결국 재현이는 우울한 기분으로 집에 돌아왔어요.

재현이는 자신의 노트에 이 문제의 원인을 적어 보았습니다.

**재현이의 노트**

① 도윤이는 마음에 들지 않는 일이 생기면 남한테 화풀이하고 심한 말을 한다.

② 도윤이는 요즘 들어 항상 짜증이 나 있다.

③ 은하는 나를 도와주지 않았다.

④ 나는 누군가에게 심한 말을 들어도 아무런 대꾸를 하지 못한다.

⑤ 도윤이의 심한 말 때문에 마치 내가 못난 사람처럼 느껴진다.

⑥ 나와 마음 맞는 친구가 많지 않다.

이 중 재현이가 통제할 수 있는 일과 통제할 수 없는 일은 무엇일까요?

재현이는 리스트의 ④, ⑤, ⑥번은 자신이 노력하면 바뀔 수 있는 일이라고 생각했습니다. 하지만 리스트의 ①, ②, ③번은 자신이 어찌할 수 없는 일이라고 생각하며 더 이상 신경 쓰지 않기로 했어요. 왜냐하면 그것들은 도윤이와 은하의 문제니까요.

물론, 부정적인 생각을 싹둑 잘라 내기는 어려웠습니다. 그래서 재현이는 고민에 빠져 있기보다는 자신이 바꿔 나갈 수 있는 것들에 집중해 보기로 했답니다.

# 문제 해결에 도움이 되는
# 행동을 나열해 보자

통제할 수 있는 일과 통제할 수 없는 일을 구분했다면, 이제 자신이 바꿀 수 있는 일에 집중하는 것이 중요합니다.

재현이는 앞서 추린, 자신이 바꿀 수 있는 세 가지 문제에 대해 깊이 생각해 보았습니다.

- 나는 누군가에게 심한 말을 들어도 아무런 대꾸를 하지 못한다.
- 도윤이의 심한 말 때문에 마치 내가 못난 사람처럼 느껴진다.
- 나와 마음 맞는 친구가 많지 않다.

이 각각의 문제를 해결하기 위한 목표를 설정하고, 그 목표를 달성하기 위해 당장 실천할 수 있는 구체적인 행동들을 나열해 보았어요.

나는 심한 말을 들어도 아무런 대꾸를 하지 못한다.

**목표** 나는 학교에서 편하게 지내고 싶다.

**행동 1** 심한 말을 들으면 싸우지는 않되 내 감정('나 기분 나빠. 그만해.')을 확실히 전달한다.

**행동 2** 나를 존중하지 않는 친구와는 적당한 거리를 둔다.

도윤이의 심한 말 때문에 마치 내가 못난 사람처럼 느껴진다.

**목표** 나는 스스로 못난 사람이 아니라고 생각하고 싶다.

**행동 1** 아주 사소한 것이라도 내가 잘한 일을 매일 노트에 적어 본다.

**행동 2** 가족들에게 나의 장점이 무엇인지 물어본다.

나와 마음 맞는 친구가 많지 않다.

**목표** 나와 잘 맞는 친구를 사귀고 싶다.

**행동 1** 관심 있는 동아리나 모임에 가입한다.

**행동 2** 친해지고 싶었던 친구에게 먼저 말을 걸어 본다.

위의 리스트를 그림지도로 그려 보는 것도 좋은 방법이에요.

## 친구에게 심한 말을 들어도 아무 대꾸 못 하는 나

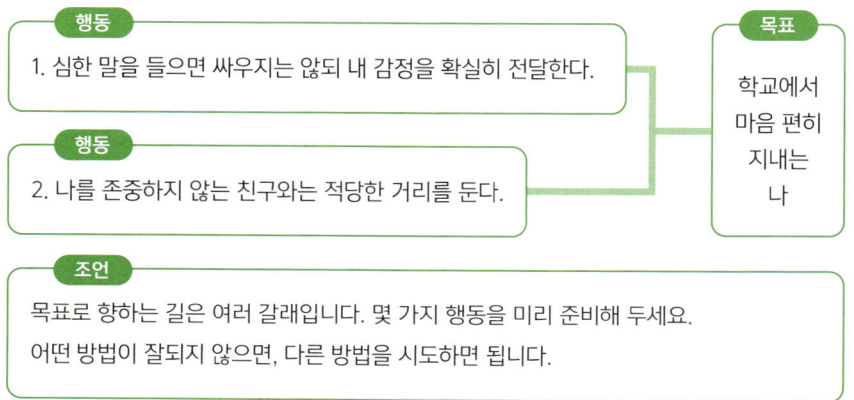

**행동**

1. 심한 말을 들으면 싸우지는 않되 내 감정을 확실히 전달한다.

**행동**

2. 나를 존중하지 않는 친구와는 적당한 거리를 둔다.

**목표**

학교에서 마음 편히 지내는 나

**조언**

목표로 향하는 길은 여러 갈래입니다. 몇 가지 행동을 미리 준비해 두세요. 어떤 방법이 잘되지 않으면, 다른 방법을 시도하면 됩니다.

이와 더불어 문제 해결을 위해 행동할 때, 여러분의 '강점'을 활용하면 훨씬 더 수월하게 목표를 이룰 수 있을 거예요. 과연 여러분에게는 어떤 멋진 강점이 숨어 있을까요? 강점은 6장에서 함께 찾아봅시다!

# 4장

# 실패하기 때문에
# 성장한다

# 마인드셋(Mindset)을
# 이해하자

그동안 수많은 학자들은 "사람마다 능력과 성격이 다른 이유는 도대체 무엇일까?"를 두고 끊임없이 고민해 왔습니다. 어떤 학자는 '유전'이라고 말하고, 어떤 학자는 '뇌 기능의 차이'라고 말하고, 심지어 어떤 학자는 '두개골 형태의 차이'라고 주장하는 등 다양한 의견이 있어왔죠. 하지만 연구에 연구를 거듭한 결과, 사람의 능력과 성격은 경험, 훈련을 통해 충분히 변화할 수 있다는 결론에 도달했습니다.

여러분은 어떻게 생각하나요? 사람의 능력이나 성격은 타고나는 것이라서 평생 변하지 않는다고 생각하나요? 아니면 개인의 노력에 따라 얼마든지 바뀔 수 있다고 생각하나요?

앞의 생각을 믿는 사람은 '고정 마인드셋', 뒤의 생각을 믿는 사람은 '성장 마인드셋'을 가지고 있다고 할 수 있습니다.

'마인드셋(Mindset)'이란 사람이 세상을 바라보는 기본적인 사고방식을 의미합니다. 부모님이나 주변 어른들의 영향, 지금까지의 경험, 자라 온 곳의 환경과 문화 등 다양한 요소들이 영향을 미쳐 우리의 사고방식을 형성하게 됩니다.

**고정 마인드셋** "능력과 성격은 타고나는 거야. 노력해도 변하지 않아."라고 믿는 입장.

**성장 마인드셋** "재능이나 인간관계는 계속 변화하는 거야. 노력하면 얼마든지 성장할 수 있어."라고 믿는 입장.

방법 34

# 못하는 것도
# 즐길 수 있는 힘을 키우자

심리학자 캐럴 드웩(Carol Dweck) 박사는 어린이들을 대상으로 어려운 퍼즐을 풀게 하는 실험을 했습니다. 실패했을 때 아이들이 어떤 반응을 보이는지 조사하려고 했던 건데요.

대부분의 아이들이 끙끙대며 퍼즐을 맞추고 있을 때, 한 남자아이가 "전 풀기 어려운 문제를 좋아해요!"라고 말하며 퍼즐에 열중했어요. 또 다른 아이는 "이 퍼즐을 하면 머리가 좋아질 거예요."라고 말하기도 했고요. 여기서 박사는 놀라고 말았습니다. '어려움에 부딪힌 상황' 자체를 오히려 즐기는 아이들이 있다는 걸 발견했기 때문이죠.

이 아이들은 노력하면 자신의 능력을 더 키울 수 있다고 믿었기에 실패나 어려움을 즐길 수 있었던 거예요. 그리고 이 놀라운 발견은 '성장 마인드셋' 연구의 시작점이 되었습니다.

# 자신의
# 마인드셋을 알아보자

사람의 능력을 바라보는 관점은 저마다 다릅니다. 아래 문장들을 읽고 자신의 마인드셋이 어디에 해당하는지 체크해 보세요.

① 나의 능력은 내 노력만으로 바꾸기 힘들다. ☐

② 새로운 지식을 배울 수는 있겠지만,
　 타고난 기본 능력은 바꿀 수 없다. ☐

③ 지금 내 상태가 어떻든 간에,
　 내 능력을 충분히 향상시킬 수 있다. ☐

④ 나는 언제든 내 능력을 크게 향상시킬 수 있다. ☐

자, 이제 결과를 확인해 봅시다.

**①과 ②에 체크한 사람** 고정 마인드셋이 강한 편이네요. 성장 마인드셋을 키우는 것이 좋겠어요.

**③과 ④에 체크한 사람** 성장 마인드셋이 강한 편입니다. 아주 좋아요!

**3개 이상 체크한 사람** 두 가지 마인드셋을 동시에 가지고 있군요. 분야에 따라 다른 마인드셋을 가지고 있을 수도 있어요. 예를 들면, 공부는 노력하면 된다고 믿지만 운동 신경은 타고나는 거라고 생각하는 경우!

**어느 것에도 체크하지 않은 사람** 이제부터 함께 성장 마인드셋을 키우는 연습을 해 봅시다.

고정 마인드셋이 강해도 괜찮아요. 놀랍게도 고정 마인드셋 역시 변할 수 있거든요. 마인드셋은 언제든지 바뀔 수 있으니, 여러분도 성장 마인드셋을 꽃피울 수 있답니다!

# 마인드셋은 행동에 큰 영향을
# 끼친다는 것을 알아 두자

성민이와 준호는 체조 대회에 출전했습니다. 경기 직전, 코치는 두 사람에게 "새로운 기술을 시도해 보자."라고 제안했어요.

고정 마인드셋을 가지고 있던 성민이는 '해내지 못하면 나에게는 재능이 없다는 뜻이야.'라고 생각했고, 결국 실패에 대한 두려움 때문에 새로운 기술을 시도하지 않았습니다.

성장 마인드셋을 가지고 있던 준호 역시 실패가 두려웠지만, '새로운 기술에 도전할 수 있다는 것은 내 실력이 그만큼 향상되고 있다는 뜻이야.'라고 생각했습니다. 실패하더라도 도전함으로써 얻는 것이 있을 거라 믿고 새로운 기술을 과감히 시도했지요.

이처럼 **어떤 마인드셋이 강한지에 따라 우리의 행동은 크게 달라집니다.** 또한, 노력에 대한 자세도 달라지지요. 고정 마인드셋을 가진 사람은 '노력한다는 것은 내 능력이 부족하다는 증거'라고 생각하며 회피합니다. 하지만 성장 마인드셋을 가진 사람은 '노력하면 내 능력이 성장한다'고 생각하기 때문에 당장 하지 못하는 일이라도 꾸준히 정진하는 태도를 보입니다.

친구나 경쟁자를 대하는 방식도 달라지는데요. 그들이 시험에서 좋은 결과를 얻거나 동아리 활동에서 멋진 모습을 보일 때, 고정 마인드셋을 가진 사람은 '큰일이다! 쟤보다 뒤처졌어! 난 이미 진 거야.' 하고 쉽게 좌절하지만, 성장 마인드셋을 가진 사람은 '저 친구의 비결은 뭘까? 나도 할 수 있다면 따라 해 볼까?'라고 생각하며 배움의 기회로 삼는답니다.

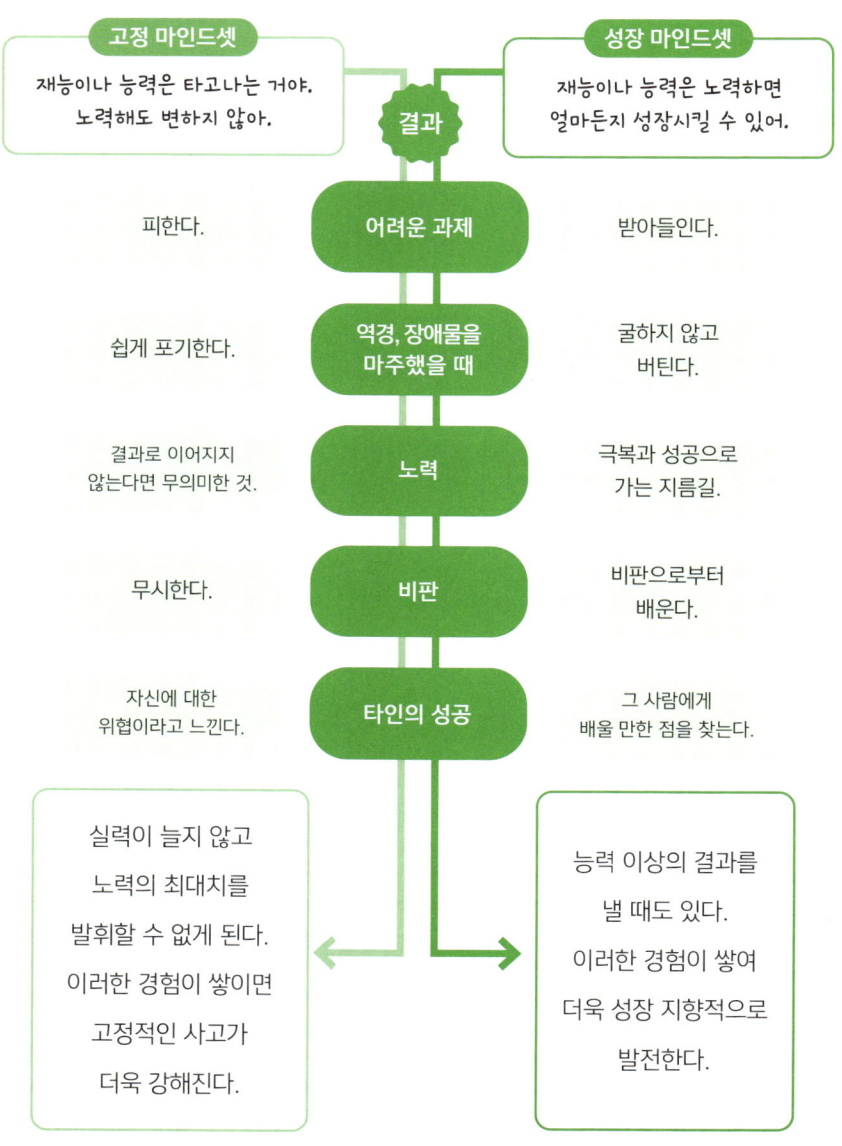

| 고정 마인드셋 | 결과 | 성장 마인드셋 |
|---|---|---|
| 재능이나 능력은 타고나는 거야. 노력해도 변하지 않아. | | 재능이나 능력은 노력하면 얼마든지 성장시킬 수 있어. |
| 피한다. | 어려운 과제 | 받아들인다. |
| 쉽게 포기한다. | 역경, 장애물을 마주했을 때 | 굴하지 않고 버틴다. |
| 결과로 이어지지 않는다면 무의미한 것. | 노력 | 극복과 성공으로 가는 지름길. |
| 무시한다. | 비판 | 비판으로부터 배운다. |
| 자신에 대한 위협이라고 느낀다. | 타인의 성공 | 그 사람에게 배울 만한 점을 찾는다. |

실력이 늘지 않고 노력의 최대치를 발휘할 수 없게 된다. 이러한 경험이 쌓이면 고정적인 사고가 더욱 강해진다.

능력 이상의 결과를 낼 때도 있다. 이러한 경험이 쌓여 더욱 성장 지향적으로 발전한다.

출처 – TWO MINDSETS, Carol S. Dweck, Ph.D.Nigel Holme

# 성장 마인드셋을
# 키우자

마인드셋을 살펴보면 자신이 평소 어떤 생각을 갖고 있는지 알 수 있습니다. 내 안에 있는 고정 마인드셋을 발견했다면, 내가 믿고 있는 것을 성장 마인드셋의 관점으로 다시 바라보는 것이 중요해요.

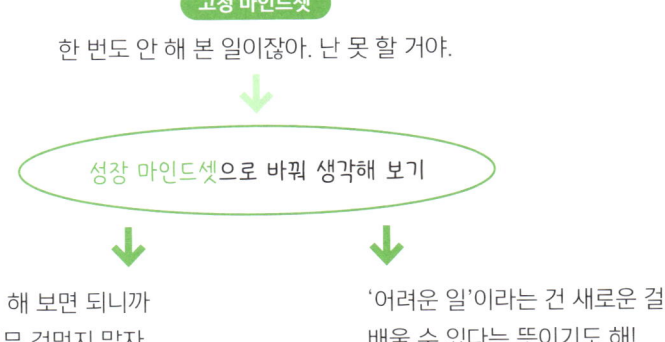

고정 마인드셋

한 번도 안 해 본 일이잖아. 난 못 할 거야.

성장 마인드셋으로 바꿔 생각해 보기

실수해도 다시 해 보면 되니까
너무 겁먹지 말자.

'어려운 일'이라는 건 새로운 걸
배울 수 있다는 뜻이기도 해!

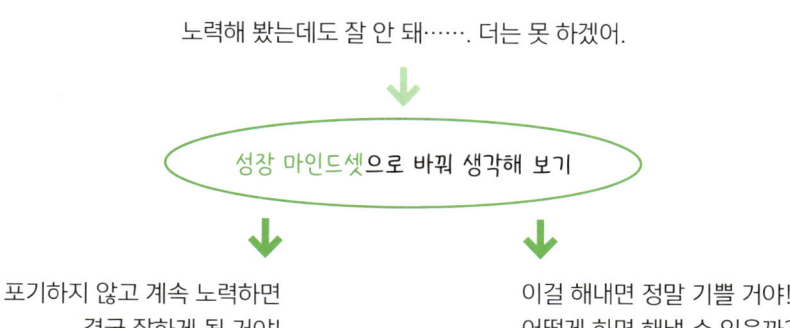

**고정 마인드셋**

노력해 봤는데도 잘 안 돼⋯⋯. 더는 못 하겠어.

⬇

성장 마인드셋으로 바꿔 생각해 보기

⬇ ⬇

포기하지 않고 계속 노력하면
결국 잘하게 될 거야!

이걸 해내면 정말 기쁠 거야!
어떻게 하면 해낼 수 있을까?

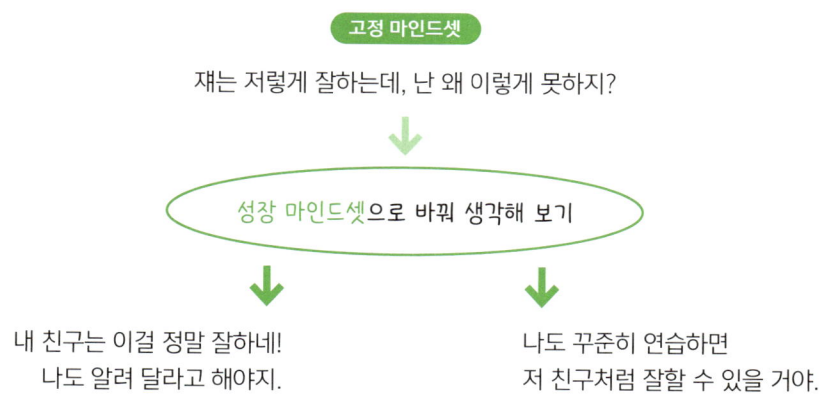

**고정 마인드셋**

쟤는 저렇게 잘하는데, 난 왜 이렇게 못하지?

⬇

성장 마인드셋으로 바꿔 생각해 보기

⬇ ⬇

내 친구는 이걸 정말 잘하네!
나도 알려 달라고 해야지.

나도 꾸준히 연습하면
저 친구처럼 잘할 수 있을 거야.

　공부, 동아리 활동, 친구 관계⋯⋯. 일상생활에서 자신이 어떤 마인드셋을 가지고 있는지 곰곰이 생각해 보세요. 마음속에서 고정 마인드셋을 발견했다면, 성장 마인드셋으로 바꿀 수 있는 방법을 고민해 봅시다.

# '하면 된다!'라고
# 생각하는 힘을 키우자

토머스 에디슨은 전구를 발명하기까지 약 만 번의 실패를 경험했습니다. 하지만 그는 "나는 실패한 적이 없다. 그저 작동되지 않는 만 가지의 방법을 찾았을 뿐이다."라고 말했지요. "난관에 부딪혔다는 것은 새로운 세계의 문 앞에 섰다는 뜻이다."라고 이야기하기도 했고요.

실패는 결코 나쁜 것이 아니에요. 중요한 것은 '실패를 통해 무엇을 얻었는가'입니다. 여러분은 실패했을 때 어떤 것들을 깨달았나요? 실패를 통해 배우고 깨달을 수 있다면, 그 실패는 성공으로 가는 한 걸음이 될 수 있습니다.

성장 마인드셋을 키우다 보면 조금 어려운 상황을 마주해도 "한번 해 보자!" 하는 마음이 솟아납니다. 그리고 사실 이 힘은 누구나 가지고 있어요. 여러분이 아기였던 시절을 떠올려 보세요. 몇 번을 넘어져도 다시 일어나 걸었고, 말을 제대로 하지 못했을 때도 마음껏 이야기할 수 있을 때까지 어른들을 보고 배우며 계속 노력했지요.

지금까지 살아오면서 힘든 일을 이겨 낸 경험은 여러분에게도 분명히 있을 거예요. 그때의 경험들을 떠올리며 '하면 된다!'라는 마음과 자신감을 되찾고 키워 봅시다!

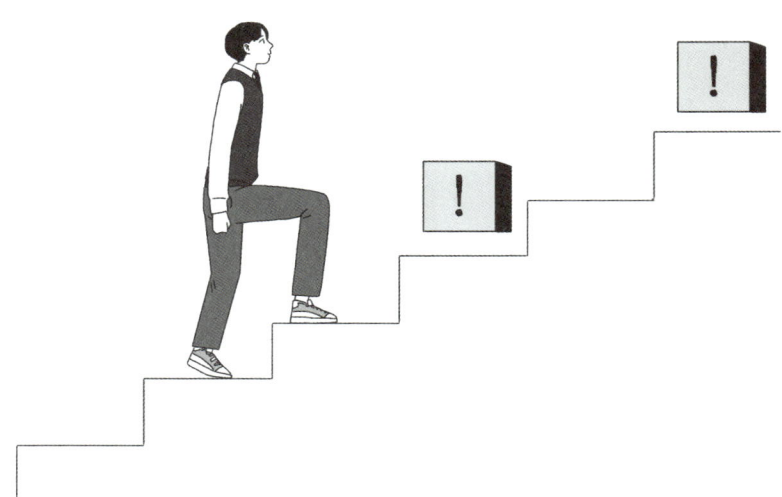

**지금까지 겪었던 어려움이나 힘들었던 일을 떠올려 보세요.**
(반 친구와의 다툼, 따돌림, 선생님과의 갈등, 공부 때문에 힘들었던 일, 가족과의 문제 등)
**그 상황이나 문제를 꼭 글로 쓰지 않아도 괜찮아요.**
**비밀로 간직하고 싶다면 마음속으로 떠올리며 다음 질문에 답해 보세요.**

> **Q.** 그 상황을 극복하기 위해 어떤 노력을 했나요?

> **Q.** 그 상황을 통해 배운 것이 있다면 무엇인가요?

> **Q.** 그 상황이 지금의 나에게 어떤 영향을 주고 있나요?

역경이나 좌절을 극복했던 경험을 떠올리면 '나도 할 수 있다'는 사실을 새삼 실감할 수 있어요. 그때 발휘했던 여러분의 저력을 확인해 보세요. 그리고 그 경험을 통해 얻었던 교훈과 새로운 관점을 다시 한번 되새겨 봅시다.

만약 자신감이나 의욕적인 마음이 좀처럼 일어나지 않는 것 같다면, 현재 자신의 마인드셋을 꼼꼼히 점검해 보세요. 혹시 고정 관념에 사로잡혀 있지는 않은지 말이에요.

마음먹은 일을 너무 성급하거나 완벽하게 달성하려고 하지 말고, 일단 아주 작은 목표부터 설정해 보세요. 그리고 그 작은 목표를 달성했을 때, 스스로를 마음껏 칭찬해 주세요.

## 같이 해 봅시다 Workbook

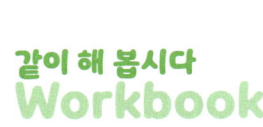

**목표를 향한 '스몰 스텝'을 만들어 봅시다.**

예시) 나의 꿈 - 수의사

꿈
수의사

❶ 대학에서 수의학을 전공한다.

❷ 여러 동물에 대해 조사해 본다.

❸ 동물과 관련 있는 일에 대해 알아본다.

❹ 학교 성적을 올린다.

❶
1 진로 담당 선생님과 상담한다.
2 인터넷으로 수의학과가 있는 대학들을 알아본다.

❷
1
2

❸
1
2

❹
1
2

# 포기하지 않고
# 노력하는 힘을 기르자

성장 마인드셋을 갖는 게 중요하다는 걸 깨닫고 열심히 노력해도, 때로는 마음이 꺾이는 순간이 찾아올 수 있습니다. 시험공부를 하다가 어려운 문제를 만나면 '새로운 것을 배울 수 있겠구나!' 생각하며 도전해 보다가도, 문제가 계속해서 풀리지 않으면 '역시 나는 안 되나봐……' 하고 움츠러들게 되는 것처럼요.

여기서 흥미로운 연구 결과를 하나 알려드릴게요.

힘든 일이 있어도 포기하지 않으며 열정을 가지고 목표를 향해 나아가는 힘을 '그릿(Grit)'이라고 하는데요. 연구에 따르면 대학 입학 후 성적에 더 큰 영향을 미치는 것은 '입학시험 점수'가 아닌 '그릿 지수'였답니다. 입학시험 점수가 그리 높지 않더라도 그릿 지수가 높은 학생은 좋은 성적을 유지하고 있던 것이죠.

즉, 몇 번을 넘어지더라도 희망과 인내심을 가지고 끈기 있게 노력하는 것이야말로 목표를 달성하는 데 가장 중요한 힘이 된다는 것입니다.

지금부터 '희망 이야기'를 만들어 봅시다. 아래에서 '중요한 사실'을 확인하고
'네 가지 질문'을 통해 나만의 희망 이야기를 완성해 보세요.

## 중요한 사실

① 목표에 도달하는 길은 하나만 있는 것이 아니다.

② 첫술에 배부를 수 없듯, 목표에 한 번에 도달할 수는 없다.

③ 목표로 향하는 도중에는 역경이나 장애물이 반드시 나타난다.

  (하지만 극복할 수 있다!)

## 네 가지 질문

① 나의 목표는 무엇인가?

② 그 목표를 달성하기 위해 구체적으로 무엇을 해야 할까?

③ 어떤 장애물이 나타날까? 그 장애물을 어떻게 극복할 수 있을까?

④ 힘들거나 일이 잘 풀리지 않을 때 나를 도와줄 사람은 누구인가?

## (예시) 혜원이의 희망 이야기

나의 목표는 ○○고등학교에 입학하는 것이다.

다음 기말고사에서 좋은 점수를 받기 위해 매일 배운 내용을 열심히 복습한다.

학원도 빠지지 않고 다닌다. 가끔 텔레비전의 유혹에 빠지거나 피곤해서

학원에 가기 싫을 때가 있다. 그래서 시험이 끝날 때까지는 텔레비전을 보지 않으려고 한다.

(대신, 시험이 끝난 당일에는 보고 싶은 만큼 볼 거다!)

너무 지치는 날에는 좋아하는 음악을 들으며 편안하게 쉰 다음 다시 열심히 공부할 것이다.

시험공부가 잘되지 않을 때는 엄마나 친구 하연이와 이야기를 나눠 보려고 한다.

○○고등학교에 합격한 내 모습을 상상하며 열심히 노력해야지!

# 휴식 시간도
# 소중히 여기자

'하면 된다'는 자신감과 의지는 '마음의 에너지'에서 나옵니다. 포기하지 않고 열심히 하고 있는데도 의욕이 생기지 않을 때는 마음의 에너지가 충분히 채워져 있는지 확인해 보세요.

최근에 즐거운 마음, 편안한 기분을 느껴 본 적 있나요? 마음의 에너지를 채우는 가장 좋은 방법은 '내 기분, 내 마음을 긍정적으로 만들어주는 일'을 하는 거예요.

사실 긍정적인 기분과 마음의 종류는 아주 다양합니다. 즐거움과 설렘, 무언가에 느끼는 흥미, 누군가를 응원하며 도리어 힘을 얻는 기분 같은 것들 모두가 포함되지요. 또한 마음이 평온한 상태도 긍정적인 감정 중 하나입니다.

여러분이 모든 일에 항상 최선을 다하고 있다는 걸 알고 있어요. 사춘기에는 마음의 변화뿐만 아니라 몸의 변화도 생기기 때문에 힘들고 혼란스러운 것이 당연합니다! 가끔은 쉬어도 괜찮습니다. 서툴고 미숙한 모습도 괜찮아요. 그런 경험 하나하나가 여러분의 인생에 든든한 버팀목이 되어 줄 테니까요.

# 에너지를 높이는
# 긍정적인 감정에 대해 알아보자

긍정 심리학을 연구하는 바버라 프레드릭슨(Barbara L. Fredrickson) 박사에 따르면, 긍정적인 감정에는 다음과 같은 종류가 있다고 합니다.

사랑, 기쁨, 감사, 평안, 흥미,

희망, 자부심, 즐거움, 고무, 경외

우리가 보통 느끼는 즐거움이나 기쁨과 같은 활기찬 감정뿐만 아니라 웅장한 자연을 보며 감탄하는 경외, 몸과 마음의 평온함, 스포츠 경기를 응원하면서 얻는 고무감 등 차분하고 깊은 마음 역시 긍정적인 감정이에요.

또한 프레드릭슨 박사는 긍정적인 감정이 우리에게 주는 다양한 이

점을 증명했어요. 긍정적인 감정은 우리의 시야를 넓혀 생각하고 행동하는 데 도움이 되고, 어려움을 극복하는 힘을 길러주며, 부정적인 감정을 완화하고 타인과 좋은 관계를 맺을 수 있도록 해 준다고 합니다.

하지만 긍정적인 감정은 거품처럼 쉽게 사라지기 때문에 의식적으로 집중하고 천천히 느끼는 것이 중요하다고 해요.

친구의 이야기를 귀 기울여 들을 때 느끼는 즐거움, 맛있는 음식을 천천히 음미할 때 느끼는 행복, 미래의 꿈을 떠올릴 때 차오르는 설렘……. 이런 긍정적인 감정들을 놓치지 않고 충분히 느낄 때 비로소 마음의 에너지가 든든히 채워진답니다.

**마음의 에너지를 채워 주는 긍정적인 감정을 찾아보세요.**

Q. 여러분이 활력을 얻는 순간은 언제인가요?

그때 구체적으로 어떤 기분이 드나요?

Q. 여러분의 에너지를 솟아나게 하는 일은 무엇인가요?

그때 마음속에 어떤 느낌이 드나요?

# 5장

## 누군가와 함께
## 위기를 극복하는 힘

# 행복의 열쇠
# '좋은 관계'를 키우자

'모든 고민의 90퍼센트는 인간관계에서 온다'는 말이 있습니다. 친구와의 관계, 가족과의 관계, 선생님과의 관계……. 여러분도 인간관계 때문에 크고 작은 고민을 해 본 적이 있을 거예요.

인간관계는 우리를 힘들게 하기도 하지만, 인생에 큰 힘이 되어 주기도 해요. 고민이 있을 때 내가 신뢰하는 어른에게 털어놓으면 마음이 편안해지기도 하고, 숙제가 잘 풀리지 않을 때 친구에게 도움을 받기도 하는 것처럼요. 그저 함께 즐거운 시간을 보내는 것만으로 행복해지기도 하고요.

사실, 타인과 좋은 관계를 맺고 있는 사람은 마음뿐만 아니라 몸도 훨씬 건강하다고 합니다.

이를 증명하는 유명한 연구를 하나 살펴볼까요?

미국 펜실베이니아주의 로제토(Roseto)라는 마을에서 이루어진 연구입니다.

1950년대 미국에서는 65세 이하 남성의 사망 원인 1위가 심장병이었습니다. 그런데 어느 날, 인근 도시에서 휴가를 보내던 내과 의사 스튜어트 울프(Stewart Wolf) 박사는 로제토 마을에서 심장병으로 사망하는 사람이 거의 없다는 사실을 알게 되었고, 그 이유를 밝히기 위해 연구를 시작했어요.

조사 결과, 로제토 사람들의 사망 원인은 노화(자연사)였고, 알코올 중독과 같은 의존증이나 자살로 사망하는 사람은 한 명도 없었어요. 게다가 로제토 사람들은 다른 마을 사람들보다 더 오랜 기간 행복하고 건강하게 살고 있었습니다.

더 깊이 조사해 보니 로제토 마을에서는 이웃 간의 유대감이 매우 강했고, 어려움에 처했을 때 서로를 돕는 공동체 문화가 아주 잘 형성되어 있었어요. 바로 이 점이 로제토 사람들의 건강 비결이었던 것이지요.

이처럼 **다른 사람과 맺는 좋은 관계는 우리 몸과 마음의 건강에 큰 영향을 미칩니다. 그렇기 때문에 인간관계에 문제가 생겼을 때, 그 갈등을 극복할 수 있는 힘을 기르는 것이** 정말 중요합니다.

이번 5장에서는 가족이나 친구와 좋은 관계를 맺는 방법을 알려드릴게요.

# 통제할 수 있는 일과
# 통제할 수 없는 일을 구분하자

친구 선우가 무심코 내뱉은 말에 상처받은 재혁이는 사과를 받고 싶었습니다. 하지만 선우는 별로 신경 쓰지 않는 듯했고 평소와 다름없이 행동했지요. 결국 재혁이는 사과하지 않는 선우에게 화가 나서 냉랭하게 대하기 시작했어요.

인간관계에서 꼭 기억해야 할 것이 있습니다. 다른 사람의 마음은 내 마음대로 통제할 수 없다는 것입니다. 앞에서도 이야기했었지요?

우리 삶에는 '통제할 수 있는 일'과 '통제할 수 없는 일'이 있습니다. 그리고 그 사이에는 결과를 알 수 없지만 '영향을 줄 수 있는 일'도 있어요. 친구를 포함한 주변 사람들이 어떻게 생각하고 행동할지는 우리가 통제할 수 없습니다. 날씨나 신호등이 바뀌는 타이밍, 전철이 오는 시간도 마찬가지고요. 반면 그 상황을 어떻게 받아들이고, 어떤 태도를 취할지는 내 의지로 통제할 수 있어요.

나에게 무례한 말을 던진 친구에게 억지로 사과하라고 강요할 수는 없지만 "나, 네 말에 상처받았어."라고 내 마음을 정중하면서도 명확하게 전달할 수는 있습니다. 간절하게 기다리던 행사 날에 비가 온다면, 아쉽긴 하겠지만 친구들과 실내에서 할 수 있는 다른 활동을 찾아볼 수 있겠지요.

이처럼 통제할 수 없는 일을 어떻게든 바꾸려고 해 봤자 결과를 내 뜻대로 100퍼센트 바꾸기는 어렵습니다. 어느 정도 영향을 줄 수는 있더라도 말이에요. 그렇기에 내가 통제할 수 있는 일에 집중하는 것이 무엇보다 중요하답니다.

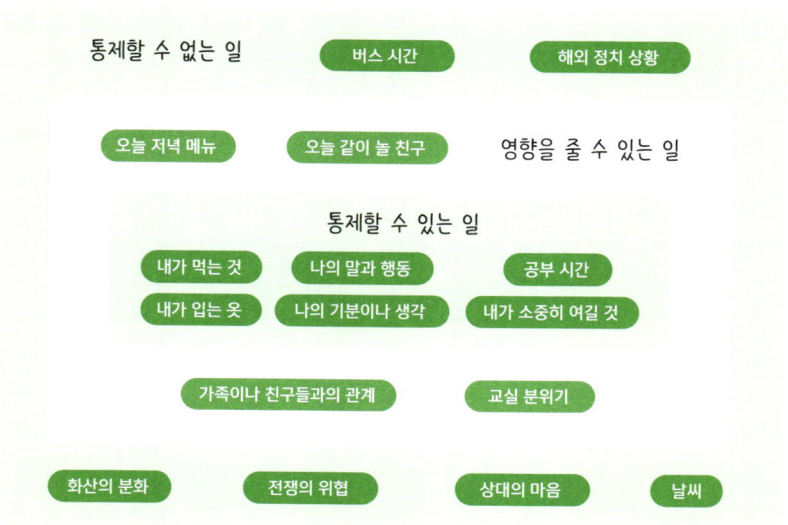

**통제할 수 있는 일, 영향을 줄 수 있는 일, 통제할 수 없는 일을 구분해 봅시다.**

> 통제할 수 있는 일(내가 선택할 수 있는 일)

> 영향을 줄 수 있는 일(결과는 장담할 수 없지만 노력해 볼 수 있는 일)

> 통제할 수 없는 일(고민해도 소용없는 일)

# 마음의 경계선을
# 잘 지키자

인간관계에서 중요한 것을 하나 더 이야기해 볼게요. 바로 '마음의 경계선'입니다.

지아는 자신의 진로, 사귀는 친구, 옷차림 등을 스스로 결정하고 싶어 합니다. 하지만 지아의 엄마는 "이 학원에 다니면 좋을 거야.", "오늘은 누구랑 놀았어? 뭐 했어?"라고 꼬치꼬치 캐묻곤 해요. 지아는 그런 엄마가 싫고 귀찮게 느껴지기만 합니다.

사람은 누구나 자신의 일을 스스로 결정하고 싶어 하는 욕구가 있습니다. 또한 타인이 다가와도 괜찮은 거리와 함부로 들어오지 않았으면 하는 자신만의 선을 가지고 있지요. 어렸을 때는 부모님께 시시콜콜한 일까지 모두 말하던 친구들도 자라면서 더 이상 부모님께 간섭받기 싫다고 생각하는 경우도 많을 거예요.

이런 변화는 자아가 발달하면서 마음의 경계선이 확고해졌기 때문이라고 할 수 있습니다. '마음의 경계선'이란 보이지 않는 장벽과 같아요. 나를 위해 꼭 필요한 보호막이기도 하고요. 나 자신뿐만 아니라 타인을 보호하는 데도 도움이 됩니다.

사람마다 편안하게 느끼는 물리적 거리가 다르듯, 마음속 거리 또한 저마다 다릅니다. 그렇기에 '내 마음을 침범하지 않았으면 좋겠다'고 느끼는 것은 전혀 나쁜 것이 아니에요. 성장하면서 그런 마음이 드는 것은 당연한 일이거든요.

하지만 처음에는 마음의 경계선이 있다는 걸 스스로도 잘 알지 못해서, 타인과의 거리감을 무심코 훅 좁혀 버리는 경우가 있어요. 반대로 경계선을 조금만 침범해도 상대방을 위협하며 밀어내기도 하고요. 마음의 경계선을 원활하게 조정하는 것은 생각보다 쉽지 않으니까요.

부모님이라 해도 내 마음의 경계선을 침범하지 않았으면 하고 바라는 마음은 결코 이상한 것이 아니에요. 다만 상대방에게는 그 경계선이 보이지 않으니 정중하게 자신의 의사를 전달하거나 잠시 물리적인 거리를 두는 등의 노력이 필요하답니다.

# 나와 상대방 모두를
# 존중하는 대화법을 익히자

우리는 상대방이 상처받지 않을까 하는 걱정에 자신의 감정이나 생각을 쉽게 전하지 못할 때가 있습니다. 상대방 입장에서 여러 번 생각해 보려 해도 '아무리 생각해도 내가 옳은데? 재가 잘못한 게 맞잖아.' 하는 생각이 들 때도 있지요. 부정적인 감정이 자꾸만 치밀어 오르는 경우도 분명 있을 테고요. 이럴 때 분노와 불만을 그대로 행동으로 옮기면 어떻게 될까요?

도현이는 친구에게 아끼는 게임 팩을 빌려주었습니다. 한참 지나 그 게임을 다시 하고 싶어져서 돌려 달라고 말했지요. 그런데 그 친구는 허락도 없이 다른 반 친구에게 도현이의 게임 팩을 빌려줬고, 심지어 언제 돌려받을 수 있을지 모르겠다고 하는 거예요.

도현이는 어떻게 반응해야 할까요? 지금 느끼는 감정대로 "내 게임 팩을 왜 허락도 없이 빌려줘? 너 진짜 너무하다!"라고 하면서 화를 내야 할까요? 아니면 아무 말도 하지 않고 꾹 참아야 할까요?

여러분이 예상하는 대로, 두 경우 모두 좋은 결과로 이어지기는 어려울 거예요. 이쯤에서 문제 해결에 도움이 되는 대화법을 소개해 드리겠습니다.

### 대화의 세 가지 패턴

서로의 의견이 충돌하는 것은 자연스러운 일입니다. 하지만 내 생각이나 의견을 어떻게 주장하느냐에 따라 관계의 결말은 달라질 수 있어요.

**윈-루스(Win-Lose) 관계**　감정을 다 털어놓아서 나는 속이 시원할지 몰라도, 상대방은 기분이 상하는 경우.

**루스-윈(Lose-Win) 관계**　상대방과의 갈등을 피하기 위해 감정을 표현하거나 의견을 주장하지 않아 겉으로는 원만해 보이지만, 결국 나만 상처받는 경우.

**윈-윈(Win-Win) 관계**　갈등이나 대립 상황에서도 지혜롭게 대화하여 서로를 이해하고 존중하는 관계로 발전하는 경우.

그리고 이상적인 문제 해결은 '윈-윈 관계'를 지향하는 것에서 시작됩니다.

| | 공격형 | 수동형 | 상호 존중형 |
|---|---|---|---|
| 특징 | **공격적, 조작적**<br>자신의 뜻대로 하려고<br>공격적인 태도를 취하거나<br>뒤에서 사람을 조종한다. | **자기주장 없음**<br>자기 의견이나 생각은<br>말하지 않고, 상대방이<br>원하는 대로 따른다. | **자신과 상대를 모두 존중**<br>내 의견도 주장하고<br>상대방의 생각도 들으며<br>서로 납득할 수 있는<br>결과를 찾으려 한다. |
| 장점 | 내 마음대로<br>할 수 있다. | 갈등이 생기지 않는다.<br>상대방의 기분을<br>맞춰 줄 수 있다. | 서로 만족하는<br>결과를 찾을 수 있다. |
| 단점 | 미움을 받거나<br>보복을 당하거나<br>외톨이가 될 수 있다. | 자신의 생각이나 감정을<br>존중받지 못한다. | 시간이 오래 걸린다. |
| 결과 | 나는 이기고<br>상대방은 진다.<br><br>▶ 윈-루스(Win-Lose) 관계 | 나는 지고<br>상대방은 이긴다.<br><br>▶ 루스-윈(Lose-Win) 관계 | 양쪽 모두 이긴다.<br>단순한 타협과는 다르다.<br><br>▶ 윈-윈(Win-Win) 관계 |

여러분은 어떤 결과를 원하나요? 누구라도 서로를 존중하는 '윈-윈 관계'를 원하지 않을까요? 하지만 상대방의 행동을 마음대로 통제할 수는 없습니다. 우리가 통제할 수 있는 일은 불쾌함을 느꼈을 때 적절한 '말과 태도'를 선택하여 상대방에게 내 마음을 잘 전달하는 것이지요. 물론, 말하지 않기로 결심할 수도 있고요.

내 마음을 잘 전하는 데에도 요령이 필요합니다. 감정을 여과 없이 쏟아 내는 것도, 그냥 참는 것도 좋은 방법은 아니니까요.

자신과 상대방을 모두 존중하기 위해, 아래 세 가지 내용을 참고하여 대화해 봅시다.

### 나와 상대방 모두 존중하는 대화법

- **사실** '네가 ~하면' 혹은 '네가 ~했기 때문에' – 상대방의 말이나 행동을 있는 그대로 말합니다.
- **감정** '나는 ~라고 느껴.' – 나의 감정 혹은 기분을 설명합니다.
- **요청** '그러니 ~해 주면 좋겠어.' 혹은 '네가 ~해 주면 도움이 될 거야.' – 내가 상대방에게 바라는 점을 긍정적인 언어로 표현합니다.

### 도현이의 경우

"나 조금 서운해. 그 게임 팩, 나한테 정말 소중한 물건이거든. 빌려 간 친구에게 빨리 돌려 달라고 부탁해 줄 수 있겠니?"

이렇게 자신의 감정과 생각을 전하는 동시에 상대방의 말과 생각에도 귀 기울이는 태도는 윈–윈 관계의 첫걸음이 됩니다.

물론, 상대방이 내 마음을 알아줄지는 알 수 없어요. 하지만 내 마음을 소중히 여기고 상대방에게 적절한 방식으로 표현했다는 사실 자체가 더 중요합니다. 그 과정에서 우리는 나 자신과 더 좋은 관계를 만들어 갈 수 있으니까요.

# 더 좋은 관계를 맺기 위해 필요한
# 세 가지 요소를 알아보자

의견 충돌을 잘 극복하고 기분 좋은 대화를 나누고 싶나요? 주변 사람들과 더 좋은 관계를 맺고 싶다고요? 이를 위해 꼭 필요한 세 가지 요소가 있습니다. 바로 감사, 용서, 그리고 공감입니다.

### 관계를 키우는 '감사'

앞서 방법 06에서 '사람은 행복한 상황에 금방 익숙해지곤 한다'는 이야기를 나누었는데요. 인간관계도 마찬가지랍니다. 늘 곁에 있어 익숙한 가족이나 친구의 존재를 당연하게 여기기 쉽지요. 가족, 친구, 주변 사람들을 한번 떠올려 보세요. 그리고 누구에게, 어떤 감사의 말을 전하고 싶은지 생각해 봅시다. 감사하는 마음은 좋은 인간관계를 만드는 밑거름이니까요.

감사의 마음을 전하는 가장 좋은 방법은 '편지 쓰기'입니다. 평소 고마웠던 사람에게 감사 편지를 써 봅시다. 그 사람이 여러분에게 어떤 기쁨, 어떤 도움을 주었는지 솔직하게 써 내려가 보는 거예요.

마음을 담아 편지를 썼다면 그 사람 앞에서 편지를 천천히 읽어 주는 것도 추천합니다. 감사 편지를 읽을 때, 당신은 어떤 기분일까요? 그리고 상대방은 어떤 마음을 느끼게 될까요?

## 나 자신과의 좋은 관계를 위한 '용서'

인간관계는 말처럼 쉽지 않습니다. '사랑이 깊으면 원망도 깊다'는 말처럼, 한 사람이 너무 좋으면서 동시에 너무 밉기도 한 복잡한 감정을 느낄 때도 있지요.

마음에 상처를 입거나 나에 대한 험담을 들으면 '절대 용서 못 해!'라는 생각이 드는 것도 당연합니다. 상처받은 마음에 '복수할 거야!' 하고 마음먹을 수도 있고요. 물론, 그런 마음이 에너지가 되어 여러분을 좋은 방향으로 이끌어 준다면 그 힘든 경험도 나쁘지만은 않을 거예요.

하지만 '용서할 수 없는 마음'은 때때로 자신을 해칠 수도 있어요. 분노라는 감정은 몸도 마음도 지치게 만들거든요.

'용서'라는 건 상대방의 못된 말, 나쁜 행동을 인정하고 받아들인다는 뜻이 아닙니다. 분노의 감정으로 나 자신을 해치는 행위를 멈추겠다는 다짐이지요.

하지만 용서는 어른들에게도 어려운 일이에요. 잘되지 않는 것이 당연합니다. 그럴 때는 "지금 용서하지 않아도 괜찮아." 하고 스스로에게 말해 줍시다.

용서의 힘을 키우고 싶다면, 여러분이 누군가에게 용서받았던 경험을 글로 적어 보세요.

## 유대감을 깊게 하는 '공감'

우리는 모두 주변 어른의 도움과 보살핌을 받으며 자랍니다. 또 반대로 누군가에게 힘이 되어 주는 경험을 하기도 하지요. 어른으로 성장하며 서로를 지지하고 의지하는 관계를 맺으려면 '공감 능력'을 기르는 것이 중요해요.

'공감'이란 상대방의 말과 행동을 잘 살피고, 상대방의 이야기에 귀 기울이며, 상대방 입장에서 이해하려고 노력하는 것을 말합니다.

가족, 친구, 주변 사람이 힘들어 보일 때는 "괜찮아? 무슨 일 있어?" 하고 걱정 어린 말들을 건네 보세요. 그리고 마음을 다독여 주기 위해 내가 할 수 있는 일, 내가 할 수 있는 말을 생각해 봅시다. 여러분이 슬픔에 공감해 주면 그 사람의 기분이 나아질 거예요. 행복한 마음에 공감해 주면 그 사람은 더 기뻐할 거고요. 관계는 그렇게 더욱 돈독해질 것입니다.

예를 들어 볼까요? 체육 시간을 앞두고 현지가 "난 운동을 잘 못해서 체육이 싫어."라고 중얼거렸더니, 그 말을 들은 한 친구가 "뭐라고? 체육이 얼마나 재밌는데! 이해가 안 가네."라고 대꾸했대요. 현지는 왠지 모르게 슬픈 기분이 들었다고 합니다. 반면 다른 친구가 "원래 잘 못하는 과목은 싫어지기 마련이잖아."라고 말해 줬을 때는 마음이 편해졌고요. 두 번째 친구처럼 짧게 공감해 주는 것만으로도 우리는 상대방의 마음을 어루만져 줄 수 있습니다.

공감은 힘들고 싫은 일뿐만 아니라 좋은 일이 있을 때도 아주 중요한 태도입니다. 내가 좋아하는 것이라든지 주말에 즐거웠던 일 등을 이야기했을 때 상대방이 "재미있다! 더 들려줘!"라는 반응을 보이면 기분이 좋아지지요? 미국의 심리학자 셸리 게이블(Shelly Gable) 박사의 연구에 따르면 상대방이 기쁜 소식, 좋은 일을 전할 때 보이는 우리의 반응이 인간관계의 깊이를 결정하는 데 아주 핵심적인 열쇠가 된다고 합니다.

여러분은 평소 소중한 이들이 기쁜 소식을 전하면 어떻게 반응하고 답하나요? "잘됐다! 정말 기쁘겠어. 어떤 일이 있었던 거야?" 하고 관심을 표현한다면 사람들과 좋은 관계를 맺는 데 큰 도움이 될 거예요.

방법 47

# 행복의 사이클을
# 돌리자

누군가에게 친절하게 행동하면 그 사람이 기뻐하는 것 이상으로 친절을 베푼 나 자신도 행복해진다는 거, 알고 있나요? 놀랍게도 여러 연구를 통해 증명된 사실이랍니다. 캐나다의 사회 심리학자 라라 아크닌 (Lara Aknin) 박사는 사람이 행복할 때 타인에게 더 친절하게 행동한다는 사실을 연구로 밝혀내기도 했어요. 즉, 친절과 행복은 '닭과 달걀'의 관계처럼 순서에 상관없이 서로 영향을 주고받으며 좋은 순환을 만든다는 겁니다.

행복을 연구하는 전문가들이 발견한 놀라운 사실 하나가 더 있어요. 타인에게 친절을 베풀 때, 우리의 뇌는 선물을 받거나 좋아하는 음식을 먹을 때처럼 행복감을 느낀다는 거예요.

친절이 어려운 일은 아닙니다. 어른들께 "도와드릴까요?"라고 먼저 물어보기, 친구에게 편지 써 주기, 마주친 이웃과 웃으면서 인사하기 등 일상생활에서 쉽게 할 수 있는 일들이지요. 지금까지 해 보지 않았던 작은 친절을 오늘 한번 실천해 보세요.

그리고 또 한 가지, 타인과의 관계도 중요하지만 나 자신과의 관계는 훨씬 더 중요합니다. 타인에게 그러하듯 나 자신에게도 친절을 베풀고 내가 기뻐할 만한 일을 해 주세요.

5장에서는 좋은 인간관계를 맺음으로써 회복탄력성을 높이고, 더 행복하고 건강하게 살아가는 방법에 대해 이야기했습니다. 친구, 가족, 친척 중에서 여러분이 의지할 수 있는 사람은 누구인가요? 사랑하는 사람이나 반려동물도 마음을 위로해 주지요. 적든 많든 상관없습니다. 일단 한번 적어 보세요. 누군가에게 의지할 수 있는 것도 회복탄력성이 가진 힘 중 하나입니다. 곤란한 상황이 되었을 때, 아무리 노력해도 일이 풀리지 않을 때, 내 이야기를 들어줄 사람이 있어야 합니다.

# 6장

**진짜 자기 모습을**

**아는 것이**

**가장 큰 무기가 된다**

# '강점'의 종류를 알아보자

친구에게 처음 보는 신기한 음식을 선물 받았다고 가정해 봅시다. 여러분은 그 자리에서 바로 "먹어 볼래!" 하고 손을 뻗는 편인가요? 아니면 "이건 무슨 음식이지?" 하고 알아본 뒤에 먹는 편인가요?

망설임 없이 먹어 보는 편이라고 답한 친구들은 호기심이 많고 대담한 성향이네요. 먼저 어떤 음식인지 알아보고 먹는 편이라고 답한 친구들은 생각이 깊고 신중한 성향일 테고요. 어느 쪽이든, 여러분이 가진 멋진 모습입니다.

여러분은 자신의 멋진 점이 무엇이라고 생각하나요? 여러분이 잘하는 건 무엇인가요? 좋아하는 것은요?

여러분의 멋진 모습, 잘하는 일, 좋아하는 것이나 관심사 모두 여러분의 '강점'이라고 할 수 있습니다. 국어사전에서는 강점을 '남보다 우

세하거나 더 뛰어난 점'이라고 정의하지만, 사실 강점에는 매우 다양한
종류가 있습니다.

### 강점의 종류

- **재능** 어떤 일을 자연스럽게 잘 해내는 능력
  (유전적 요인이 크게 작용)
- **기술** 훈련을 통해 익히고 다듬은 특정한 기량
- **관심·흥미** 자신이 좋아하는 것, 열중할 수 있는 것
- **자원** 인간관계, 생활 환경, 경제적 상황 등
  나를 지탱해 주는 외부적 요인
- **가치관** 행동의 지침으로 삼으며 소중히 여기고 있는 것
- **성격적 강점 (Character Strengths)** 성격적으로 좋은 점(본인과 주변 사람들
  에게 좋은 영향을 끼침)

이 책에서는 발이 빠르다거나 키가 크다거나 하는 눈에 보이는 특징
이 아닌, 성격적 강점을 함께 찾아보고자 합니다.

성격적 강점을 일상생활에 활용하면 성취감과 자신감이 높아지고,
목표를 더 쉽게 달성할 수 있으며 스트레스를 줄일 수 있어요. 어려움
을 극복할 때도 분명 큰 힘이 되어 줄 거고요.

# 나의 성격적 강점을
# 알아보자

성격적 강점에는 크게 스물네 가지가 있습니다. 이 강점들은 심리학자인 크리스토퍼 피터슨(Christopher Peterson) 박사와 마틴 셀리그먼 박사가 중심이 되어, 문화와 신념의 차이를 넘어 인류가 공통적으로 가지고 있는 중요한 기질을 추려 낸 것이에요. 이 스물네 가지 강점은 우리 모두 가지고 있지만 사람마다 각 강점의 정도가 제각기 다릅니다. 그리고 이 차이가 그 사람의 '개성'을 만들지요.

### 강점을 찾아보자

영국의 긍정 심리학 연구자인 알렉스 린리(Alex Linley) 박사는 이렇게 말했습니다.

"강점은 단순히 무언가 잘하는 능력을 의미하지 않습니다. 나를 나답게 느끼게 하는 것, 에너지를 샘솟게 하는 것, 내 안의 힘을 최대한 끌어내어 높은 성과를 안겨 주는 것입니다."

즉, 강점 찾기의 핵심은 단순히 남보다 잘하는 것이 아니라 강점을 활용할 때 즐겁고 활력이 생기는가에 있습니다.

### 나의 강점을 찾는 방법 ① 강점 체크리스트 (중고등생용)

151쪽부터 156쪽에는 스물네 가지 성격적 강점이 나열되어 있습니다. 각 항목의 내용을 잘 살펴보고, 그 강점을 어느 정도 가지고 있는지 1에서 10점 사이의 점수로 나타내 봅시다. 여기서 중요한 건 '가지고 싶은' 강점이 아니라 여러분이 '현재 가지고 있는' 강점을 기준으로 점수를 매겨야 한다는 거예요.

모든 항목에 점수를 매긴 뒤에는 가장 높은 점수를 차지한 다섯 가지 강점을 추려 보세요. 그것이 바로 여러분이 가진 보물 같은 강점입니다.

어떤 강점이 여러분에게 활력을 줄까요? 어떤 강점이 여러분의 개성이 되어 줄까요?

### 창의성 Creativity

예술적인 분야는 물론, 그 외 영역에서도 새롭고 독창적인 것을 생각해 낸다. 기존의 방식보다 창의적이고 생산성이 높은 방법을 생각한다.

_____점

### 호기심 Curiosity

다양한 분야에 관심을 가지며 모든 경험을 흥미롭게 느낀다. 새로운 발견을 좋아하고 정보를 얻는 데 적극적이다.

_____점

### 유연한 사고 Open-mindedness

무조건 단정 짓지 않고 여러 관점으로 생각하며 답을 찾는다. 객관적이고 이성적으로 판단하려 하며, 확실한 증거가 있으면 자신의 생각을 유연하게 바꿀 수 있다.

_____점

### 배우고자 하는 의욕 Love of Learning

새로운 것을 익히고 배우는 과정 자체를 즐기며, 익숙한 분야라도 깊게 파고들어 자신의 것으로 만든다. 배움의 기회나 배울 수 있는 장소를 좋아한다.

_____점

### 통찰력 Perspective

전체적인 상황을 파악하고 미래를 내다볼 줄 안다. 다양한 의견을 아울러 모두가 공감할 수 있는 관점을 제시하며, 사람들에게 실질적이고 적절한 조언을 건넨다.

_____점

### 용기 Bravery

힘들고 두려운 상황에서도 결코 주저하지 않는다. 반대에 부딪히더라도 옳다고 믿는 바를 당당히 주장하며, 지지해 주는 이가 없어도 자신을 믿고 나아간다.

_____점

### 끈기 Perseverance

한번 시작한 일은 끝까지 해낸다. 어려운 상황을 맞닥뜨려도 포기하지 않고 끈질기게 앞으로 나아간다. 주어진 과제나 목표를 완수했을 때 큰 기쁨을 느낀다.

_____점

### 정직 Honesty

스스로에게도, 타인에게도 솔직하며 자신의 감정과 행동에 책임질 줄 안다. 거짓말을 하지 않는다. 약속을 잘 지킨다.

_____점

### 열정 Zest

특유의 활력으로 인생이라는 모험을 헤쳐 간다. 무슨 일이든 대충 하지 않으며 진심을 다한다. 늘 생기 넘치고 활동적이다.

_____점

### 애정 Love

공감하고 배려하는 관계를 소중히 여긴다. 사람들과 사이좋게 지내는 것을 좋아하며, 인간관계를 맺는 데 어려움이 없다.

_____점

### 배려 Kindness

누군가를 챙기고 돕는 과정에서 삶의 에너지를 얻는다. 다른 이들에게 늘 친절하려 노력하며, 자신이 그들에게 도움이 될 때 기쁨을 느낀다.

_____점

### 사회성 Social intelligence

상대방은 물론, 스스로의 감정 변화를 세심하게 살피고 이해한다. 어떤 상황에서도 지혜롭게 대처하며, 다양한 유형의 사람들과 원만하게 잘 지낸다.

_____점

### 팀워크 Teamwork

그룹이나 팀의 일원으로서 다른 사람들과 조화롭게 잘 어울릴 수 있다. 팀 전체를 위해 자신이 맡은 바를 책임감 있게 해낸다.

_____ 점

### 공정 Fairness

치우침 없이 모든 사람을 평등하게 대한다. 모두에게 균등한 기회를 주고, 개인적인 감정에 휘둘려 다른 사람을 편파적으로 판단하지 않는다.

_____ 점

### 리더십 Leadership

공동의 목표를 달성할 수 있도록 힘을 실어 주고, 팀 구성원 모두가 잘 지낼 수 있도록 두루 살핀다. 사람들을 이끌어 함께 성과를 만들어 가는 데 능숙하다.

_____ 점

### 관대 Forgiveness

다른 이의 잘못이나 실수를 너그러이 품는다. 앙갚음하려 하지 않는다. 이미 지나간 일은 마음에 담아 두지 않고 깨끗하게 털어 버린다.

_____ 점

### 겸손 Humility

다른 사람들보다 뛰어난 점이 있어도 으스대거나 뽐내지 않는다. 남들에게 '대단하다'는 평가를 받기 위해 애쓰거나 스스로가 특별하다고 뽐내지 않는다.

_____점

### 신중함 Prudence

조급해하지 않고 어떤 일이든 주의 깊게 생각한다. 후회할 만한 말이나 행동을 하지 않는다. 눈앞에 보이는 것에 얽매이지 않고 신중하게 결정한다.

_____점

### 자기 조절 Self-regulation

자신의 감정, 행동, 식욕을 조절할 수 있다. 규칙과 예절을 잘 지킨다. 나쁜 상황을 마주했을 때도 감정에 휩쓸리지 않고 스스로를 잘 다스릴 수 있다.

_____점

### 심미안 Appreciation of Beauty

자연, 예술, 학문, 일상생활 등 모든 영역에서 아름다움이나 뛰어난 점을 잘 찾아낸다. 그리고 그것을 마음 깊이 느낄 줄 안다.

_____점

### 감사 Gratitude

좋은 일에 주목하고 감사하는 마음을 가질 줄 안다. 상대방에게 고마운 마음을 잘 표현하고, 사소한 일에도 감사함을 느끼고 전한다.

_____점

### 희망 Hope

밝은 미래를 상상하고, 그것을 이루기 위해 노력한다. 좋은 미래가 올 거라 믿으며, 최선을 다해 열심히 노력하면 바라는 것을 이룰 수 있다고 생각한다.

_____점

### 유머 Humor

웃음과 장난기 어린 마음을 소중히 여긴다. 누군가를 웃게 만들거나 재미있는 상상을 하는 것을 좋아한다. 다양한 상황에서 밝은 면을 보려고 노력한다.

_____점

### 보이지 않는 힘을 믿는 마음 Spirituality

자신이 세상이라는 거대한 흐름 속에서 살아가고 있음을 느끼며 자신의 존재 의미를 찾으려 한다. 높은 목표와 삶에 대한 한결같은 신념을 가지고 있다.

_____점

### 나의 강점을 찾는 방법 ② VIA* 강점 검사 (온라인)

* VIA 강점 검사 : 미국의 심리학자 마틴 셀리그먼과 크리스토퍼 피터슨이 개발한 심리 검사 도구.

https://www.viacharacter.org/survey/account/register

위 링크에 접속해 보세요. 이름과 이메일을 입력하고 언어(Language)를 한국어로 선택하면 'VIA 강점 검사'를 받아 볼 수 있습니다.

### 나의 강점을 찾는 방법 ③ 강점 인터뷰

여러분을 잘 아는 주변 사람들을 인터뷰해 봅시다.

- 당신은 나의 어떤 점을 가장 좋아하나요?
- 당신이 생각하는 나의 특기는 무엇인가요?
- 당신이 보기에 나는 어떤 상황에서 내가 가진 능력을 가장 잘 발휘하는 것 같나요?
- 당신이 기억하는, 내가 능력을 발휘했던 구체적인 순간이 있다면 언제인가요?
- 당신이 생각할 때 나의 가장 큰 강점은 무엇인가요?

**자신에게는 보이지 않는 강점도 있다**

주변 사람들을 인터뷰해 보면 '이건 딱 나네!' 하고 공감되는 답변도 있지만, '내가 그렇다고? 정말 의외다!' 하고 생각하게 되는 대답도 있을 거예요. 이 의외의 대답은 '다른 사람들 눈에만 보이는 나의 숨겨진 강점'일 수도 있지요! 새로운 강점이 하나 더 추가된 셈이에요!

나와 타인의 인식 차이를 이해하는 데에는 '조하리의 창*'이라 불리는 심리학 모델이 도움이 될 수 있어요.

<table>
<tr><td colspan="2" align="center">**조하리의 창**(Johari's window)</td></tr>
<tr><td>**열린 창(Open window)**</td><td>나도 알고 있고 타인도 알고 있는 모습</td></tr>
<tr><td>**숨겨진 창(Hidden window)**</td><td>나는 알고 있지만 타인은 모르는 모습</td></tr>
<tr><td>**보이지 않는 창(Blind window)**</td><td>나는 모르지만 타인은 알고 있는 모습</td></tr>
<tr><td>**미지의 창(Unknown window)**</td><td>나도 모르고 타인도 모르는 모습</td></tr>
</table>

*조하리의 창 : 심리학자 조셉 루프트(Joseph Luft)와 해리 잉햄(Harry Ingham)이 자기 인식의 차이를 설명하기 위해 제시.

조하리의 창을 살펴보면 알 수 있듯, 내가 보는 나와 타인이 보는 나 사이에 괴리가 있을 수 있어요. 다른 사람이 내가 알지 못하는 나의 모습을 발견해 주었을 때는 '아, 나한테도 그런 면이 있구나.' 하고 편안하게 받아들여 보세요. 나의 '열린 창(Open window)'이 더욱더 넓어질 거예요. 또, 강점은 내 눈에 안 보이는 경우가 많으니 주변 사람들의 의견을 들어 보는 것도 도움이 될 테고요.

## 강점이 보이지 않을 때

"나는 수줍음이 많아." 혹은 "쟤는 늘 덤벙거리더라." 하고 자신이나 타인에게 쉽게 꼬리표를 붙이고 있진 않나요?

사실 많은 사람들이 과거의 정보에 비추어 자신과 타인을 무의식적으로 단정 짓곤 합니다. 하지만 그러다 보면 자신과 그 사람을 다른 관점으로 바라보는 것이 어려워질 수 있어요. 나의 수줍은 성격만 생각하다 보면 창의력이 넘친다거나 친절하다거나 반려동물에게 온 마음을 다하는 나의 다른 모습은 놓치게 되는 것처럼요.

이는 성격적인 특성에만 국한되지 않아요. 스스로에게 '학교 밖 청소년(학교에 다니지 않는 청소년)'이라는 꼬리표를 붙이고, 그 이미지에 맞춰 행동하려 했던 한 중학생이 있었습니다. 학교 밖 청소년에 대한 이미지가 워낙 편향되어 있다 보니, 집에만 틀어박혀 있거나 좋아하는 일조차 드러내서는 안 될 것 같았다고 해요. 사실 이 아이는 그림 그리는 것을 정말로 좋아했는데요. 집에서 그림을 그릴 때조차 숨어서 그려야 할 것 같은 기분이 들었고, 자신감을 가져서도 안 될 것 같다고 느꼈다 하고요. 학교 밖 청소년은 무조건 문제아라는 잘못된 인식에 스스로 얽매여 있었던 것이죠.

우리 안에 형성된 특정한 이미지는 뉴스나 과거의 경험 등 일부 사례에 바탕을 두고 있기에, 대상을 바라보는 시각이 편향되기 쉬워요. 하지만 '학교 밖 청소년'이라는 상태가 곧 '나 자신'을 의미하는 것은 아닙니다. 사람은 다면적이고 다층적인 존재거든요. 우리 자신을 표현할 수 있는 단어는 무수히 많습니다. 강점도 그중 하나이고요.

이처럼 자신을 있는 그대로 보지 않고, 특정한 꼬리표를 붙인 채 바라본다면 스스로 행동을 제한하게 될 수도 있으니 주의해야 합니다.

만약 그림 그리기를 좋아하는 남학생이 '남자아이는 스포츠를 좋아한다'는 꼬리표에 얽매이면 어떻게 될까요? 스포츠보다 그림 그리는 것을 더 좋아하는 자신의 본심을 잃어버릴 수도 있습니다. 또 '나는 수줍음이 많다'는 꼬리표를 달고 있으면, 용기 내어 사람들 앞에 자신을 내보이려다가도 결국 '역시 너무 부끄러워. 그만두자.'라는 생각에 그치고 말겠지요.

세상에 알려진 이미지나 지금까지 들어 왔던 누군가의 이야기가 나에게 모두 들어맞는 것은 아닙니다. 진짜 내 모습이 뭔지 모르겠다고 느껴질 땐, 혹시 스스로에게 특정 꼬리표를 붙이고 있지는 않은지 점검해 보세요.

## 강점의 균형

성격적 강점은 161쪽의 도표(강점의 성향과 상성)와 같이, 머리를 쓰는 강점·마음을 쓰는 강점(가로축), 타인 지향 강점·자기 지향 강점(세로축)으로 구분할 수 있습니다.

도표에서 여러분의 강점을 찾아 동그라미를 쳐 보세요. 그 강점들이 어떤 경향을 보이는지 알 수 있을 거예요.

　더불어 여러분의 대표 강점에 속하지 않은 것들은 아직 발휘하지 못한 강점이에요. 스물네 가지의 성격적 강점은 누구나 가지고 있으니까요. '나한테도 있으면 좋겠다'고 생각하는 강점이 있다면 언제든 키워나갈 수 있습니다. 의식적으로 그 강점을 사용하면서요.

▼ 강점의 성향과 상성

타인 지향 강점

팀워크
겸손　　공정　　　배려
신중함
　　　　　　관대　　애정
　　정직　　리더십
끈기　　　　　　　　감사
자기 조절　　보이지 않는 힘을　　유머
　　　　　　믿는 마음

머리를 쓰는 강점　　　　　　사회성　　마음을 쓰는 강점
　　　통찰력　　희망
　　　　　　　열정
　　　용기
　　　　　　　심미안
유연한 사고　　　　호기심
　　배우고자 하는 의욕　창의성

자기 지향 강점

© 사단법인 일본긍정교육협회

## 강점을 의식적으로 사용해 보자

자신의 강점을 파악했다면 일상생활에서 의식적으로 사용해 보세요. 매일매일 사용하다 보면 긍정적인 변화가 생겨날 거예요.

다른 친구들의 경우를 살펴볼까요? '사회성'을 강점으로 가진 은호는 시험 전에 친구들과 함께 공부하는 습관을 가지고 있습니다. '통찰력'을 강점으로 가진 민주는 시험 날까지의 전체적인 공부 계획을 짜두면 동기 부여가 되고 의욕이 넘칩니다.

여러분도 자신의 강점을 일상에 어떻게 활용할 수 있을지 곰곰이 생각해 보세요.


## 강점을 지나치게 사용하는 것은 금물!

'유머'를 강점으로 가진 호재. 친구의 반려동물이 무지개다리를 건넜다는 소식을 들은 뒤, 슬퍼하는 친구를 위로해 주려고 농담을 건넸어요. 하지만 친구는 호재가 무신경하다고 화를 냈습니다.

'배려'를 강점으로 가진 진우. 오늘은 빨리 집에 가고 싶었지만, 숙제를 도와 달라는 친구의 부탁을 거절하지 못해 학교에 남았습니다. 그 탓에 기대하던 애니메이션을 보지 못했지요.

호재와 진우는 각각 멋지고 좋은 강점을 가지고 있습니다. 하지만 두 사람 모두 그 강점을 지나치게 사용하는 바람에 친구에게 상처를 주거나 스스로를 지치게 했네요.

이처럼 성격적 강점은 나도 모르게 자연스럽게 발휘되곤 합니다. 그렇기에 오히려 지나치게 사용하기 쉽지요.

긍정 심리학 전문가인 호주 멜버른대학교 리 워터스(Lea Waters) 교수는 '강점'을 적절히 조절하는 것이 중요하다고 말합니다. 유머라는 멋진 강점을 가진 호재는 상대방의 상황을 보면서 유머의 강도를 조절하면 훨씬 좋을 거예요. 배려라는 강점을 가진 진우는 타인을 배려하는 만큼, 자기 자신도 똑같이 배려할 수 있다면 지치지 않고 강점을 발휘할 수 있겠고요.

강점을 발휘하려 노력해 보아도 잘 안되는 것 같을 때는 그 강점을 너무 많이 사용하고 있는 것은 아닌지 되짚어 봅시다.

지금까지 성격적 강점에 대해 함께 살펴보았습니다. 여러분의 성격적 강점이 무엇인지 잘 알게 되었을 텐데요. 그 강점들을 다른 사람들에게 알릴 수 있도록 자기소개서를 만들어 봅시다.

**멋진 나의 강점을 모두에게
알릴 수 있는 자기소개서 만들기**

· 자신의 강점을 나열해 보고,
  새로운 이름을 붙여 준다.

· 그림으로 표현한다.

· 동물, 음식, 건물, 탈것, 영웅…….
  무엇이든 상관없다! 어떤 말로
  설명하고 소개할지 생각해 보자.

# 강점을 이용해
# 가까워지자

여러분의 강점을 알게 되니 이제 가족이나 친구의 강점도 눈에 들어오지 않나요? 우리 뇌는 아무래도 단점이나 부족한 면에 먼저 반응하기 쉬운데요.(이 부분에 대해서는 방법 09에서 앞서 다루었지요.) 그렇기에 좋은 인간관계를 맺고 유지하려면 상대방의 강점을 찾으려고 노력하는 것이 무엇보다 중요합니다.

누군가의 강점을 발견하면 마음에만 두지 말고 꼭 말로 표현해 주세요. "너 그림 진짜 잘 그린다! 상상력이 풍부하네!"라든지 "너는 남들이 놓치는 걸 잘 발견하는구나!" 하고요. 이렇게 강점을 짚어 주면 상대방은 자신을 이해해 주는 사람이 생겼다고 느끼며 기뻐할 거예요. 대부분의 사람들은 자신의 강점을 잘 찾지 못해요. 그러니 주변 사람들이 본인의 긍정적인 면을 발견할 수 있도록 도와주세요.

자신의 강점을 알고 진짜 자기 모습을 소중히 받아들일 때, 우리는 마침내 자신에게 필요한 선택을 할 수 있게 됩니다.

여러분은 지금까지 많은 힘든 일들을 이겨 냈으니, 앞으로도 반드시 이겨 낼 수 있을 거예요. 또한 힘들 때 누군가에게 의지하는 것도 역경과 어려움을 극복하는 힘이라는 것을 기억하세요. **회복탄력성을 키워 나답게 행복한 어른이 됩시다.**

《회복탄력성을 기르는 50가지 방법》을 끝까지 읽어 주셔서 감사합니다.

제가 회복탄력성에 관심을 가지고 연구를 시작하게 된 계기는 고등학교 시절에 마주한 큰 좌절 때문이었습니다. 당시 저는 미국 유학 중이었는데요. 공부도 인간관계도 뜻대로 되지 않아 결국 학교를 그만두기로 했습니다. 이후 홈스쿨링을 하며 고등학교 졸업 학력 검정고시를 치르고 대학에도 진학했지만, 그러는 와중에도 '왜 이렇게까지 힘들게 살아야 하나.'라든지 '이제 다 내던져 버리고 싶다.' 하는 생각을 떨쳐 버릴 수 없었어요. 그러다 마침내 제가 꼭 해야만 하는, 운명이라 여겨지는 일을 만나 호주 대학원에서 공부하기까지 약 20년이라는 시간이 걸렸습니다.

지금 와서 생각해 보면, 그동안의 좌절과 역경이 있었기에 지금의 일을 할 수 있게 된 것 같아요. 그때는 실패, 오점이라고만 생각했던 일들이 긴 인생을 살아가는 데 나를 지탱하는 힘이 될 수 있다는 것을 깨달았습니다. 고민과 어려움은 삶에서 피할 수 없다는 사실도요. 열심히 사는 사람에게도 슬프고, 화가 나고, 두려움을 느끼게 하는 일들은 일어나기 마련이더라고요.

행복하게 산다는 것은 부정적인 감정들을 무시하고 무조건 낙관적으로 사는 것이 아닙니다. 우리가 해야 할 일은 이미 일어난 일들에 유연하게 대처하고, 자신의 삶을 긍정적으로 바라보며 하루하루를 뜻깊게 사는 것이에요. 이것이 바로 내 삶의 주도권을 잃지 않는 길이자 회복탄력성을 키우는 길이니까요.

여러분이 인생의 역경을 극복하고 나답게, 행복하게 살아가는 데 이 책이 조금이나마 도움이 된다면 그보다 더 기쁜 일은 없을 거예요. 여러분이 걸어가는 길을 항상 응원하겠습니다.

마지막으로, 함께 활동하고 있는 사단법인 일본긍정교육협회 동료들, 회복탄력성 교육에 참여해 준 학생들, 그리고 많은 연구 성과를 세상에 내놓은 연구자분들의 도움이 아니었다면 이 책을 쓸 수 없었을 겁니다. 큰 힘을 보태 주서서 진심으로 감사드립니다.


봄의 시작을 느끼며
**아다치 히로미**

# 참고 문헌

- 『見つけてのばそう!自分の「強み」』著:足立啓美・吾郷智子、監修: 日本ポジティブ教育協会(小学館)

- 『子どもの心を強くするすごい声かけ』足立啓美(主婦の友社)

- 『子どもの「逆境に負けない心」を育てる本』著:足立啓美・鈴木水季・久世浩司、監修: イローナ・ボニウェル(法研)

- 『子どもの逆境に負けない力「レジリエンス」を育てる本』足立啓美・鈴木水季(法研)

- 『イラスト版子どものためのポジティブ心理学』著: 足立啓美・岐部智恵子・鈴木水季・緩利誠、監修:日本ポジティブ教育協会(合同出版)

- 『きみのこころをつよくするえほん』監修:足立啓美、絵:川原瑞丸(主婦の友社)

- 『ポジティブ心理学が1冊でわかる本』著:イローナ・ボニウェル、監訳:成瀬まゆみ、訳:永島沙友里・松田由美・佐布利江・神前珠生(国書刊行会)

- 『Personal well-being lessons for secondary schools: positive psychology in action for 11 to 14 year olds』Ilona Boniwell (Open University Press)

- 「Lessons from Roseto 20 years later: a community study of heart disease」Bruhn, J. G., Philips, B. U., Jr, & Wolf, S. (Southern medical journal, 75(5), 575-580.)

- 『「やればできる!」の研究』著:キャロル・S・ドゥエック、訳: 今西康子(草思社)

- 『ポジティブな人だけがうまくいく3:1の法則』著:バーバラ・フレドリクソン、監修:植木理恵、訳:高橋由紀子(日本実業出版社)

- 「JPEA SPARKレジリエンスプログラム指導書」編:一般社団法人日本ポジティブ教育協会

- 『奇跡の人ヘレン・ケラー自伝』著:ヘレン・ケラー、訳:小倉慶郎(新潮社)

- 『自由への長い道 ネルソン・マンデラ自伝(上・下)』著:ネルソン・マンデラ、訳:東江一紀(NHK出版)

- 『Character Strengths Interventions: A Field Guide for Practitioners』Ryan M. Niemiec (Hogrefe & Huber Pub)

- 『ポジティブ心理学の挑戦』著:マーティン・セリグマン、監訳:宇野カオリ(ディスカヴァー・トゥエンティワン)

- 『世界でひとつだけの幸せ』著:マーティン・セリグマン、訳:小林裕子(アスペクト)

- 「From character strengths to children's well-being: Development and validation of the character strengths inventory for elementary school children」Shoshani, A. & Shwartz, L. (Frontiers in Psychology, 9, 2123.)

- 「What do you do when things go right? The intrapersonal and interpersonal benefits of sharing positive events」Gable, S. L., Reis, H. T., Impett, E. A., & Asher, E. R. (In Relationships, well-being and behaviour: pp.144-182.Routledge)

* 저자가 집필 당시 참고한 도서 정보 그대로를 수록하였습니다.

일러두기

· 이 책에 나오는 도표 및 도판은 사단법인 일본긍정교육협회의 자료를 참고하였습니다.

회복탄력성을 기르는 50가지 방법

초판 1쇄 인쇄 2026년 4월 10일
초판 1쇄 발행 2026년 4월 25일

글 아다치 히로미   옮김 고현진
발행인 양원석   발행처 (주)알에이치코리아(등록 2004년 1월 15일 제2-3726호)
본부장 김문정   편집 박진희, 김하나, 정수연, 고한빈, 홍은채   디자인 조은영, 김민
해외저작권 안효주   마케팅 안병배, 최유성, 박미소   제작 문태일, 안성현
주소 서울시 금천구 가산디지털2로 53, 20층(한라시그마밸리)
편집 문의 02-6443-8921   도서 문의 02-6443-8800
홈페이지 rhk.co.kr   블로그 blog.naver.com/randomhouse1
인스타그램 @junior_rhk   페이스북 facebook.com/rhk.co.kr

ISBN 978-89-255-6962-8 (44180)
ISBN 978-89-255-2559-4 (세트)